U0347270

稻盛和夫

经营实录 第6卷

企业经营
的真谛

[日] 稻盛和夫 著　京瓷株式会社 编　曹岫云 译

企業経営の要諦

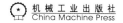

机械工业出版社

China Machine Press

图书在版编目（CIP）数据

企业经营的真谛/（日）稻盛和夫著；京瓷株式会社编；曹岫云译 . —北京：机械工业出版社，2018.3（2021.1重印）

（稻盛和夫经营实录）

ISBN 978-7-111-59238-9

I. 企⋯ II.①稻⋯ ②京⋯ ③曹⋯ III. 企业管理－经验－日本－现代 IV. F279.313.3

中国版本图书馆 CIP 数据核字（2018）第 033447 号

本书版权登记号：图字 01-2018-0184

企业经营的真谛

出版发行：机械工业出版社（北京市西城区百万庄大街 22 号　邮政编码：100037）

责任编辑：岳小月

责任校对：殷　虹

印　　刷：北京文昌阁彩色印刷有限责任公司

版　　次：2021 年 1 月第 1 版第 3 次印刷

开　　本：130mm×185mm　1/32

印　　张：12

书　　号：ISBN 978-7-111-59238-9

定　　价：79.00 元

客服电话：（010）88361066　88379833　68326294　投稿热线：（010）88379007

华章网站：www.hzbook.com　　　读者信箱：hzjg@hzbook.com

为社会、为世人东奔西走的 21 世纪前 10 年

　　"具备大义名分，而且它是纯粹的、一尘不染的，那么就一定会借到宇宙之力。就是说，抱有纯粹之心，只顾拼命努力，对于这种人的行为，宇宙会伸出援助之手。"

利他心

稲盛和夫

一灯照隅　万灯照世

判断基准是哲学核心

从 2005 年开始，我花了大约一年时间，写了《稻盛和夫成功方程式》这本书。为此，我认真阅读了当时可以找到的稻盛先生所有的著作和讲演。承蒙稻盛先生亲自推荐，这本书还用日文在日本出版并畅销。

从 2009 年开始，我又翻译和编译了稻盛先生的《活法》《干法》等 21 部著作。可以说，我对稻盛先生的思想和语言已经相当熟悉了。尽管如此，在翻译（和审译）"稻盛和夫经营实录"系列著作的时候，我仍然常常情不自禁地拍案叫绝，感动不已。我想，这是因为书中跃动着的活的灵魂触及了我的心弦。

稻盛先生是企业家中的哲学家。他心中总是持有两种互相对立的思想，并随时都能正常地发挥两者各自的功能。这就是哲学和哲学家的魅力。

"稻盛和夫经营实录"系列从20世纪70年代开始，跨越了40余年，包括《赌在技术开发上》《利他的经营哲学》《企业成长战略》《卓越企业的经营手法》《企业家精神》《企业经营的真谛》共6本书，涉及经营和人生的方方面面，内容非常丰富。

内容虽然丰富，但是稻盛哲学的核心可以浓缩为一句话——"判断事物的基准是：作为人，何谓正确"。换一种说法就是，把善恶而不是得失作为判断和行动的基准。

这一哲学贯穿在该系列55篇讲演的每一篇中，让每一篇都成为经典，使人读了如沐春风。

"一言兴邦"，破产重建的日航，就因为32 000名员工学习、掌握并实践了这一哲学，仅仅1年便起死回生，经营业绩连续6年在全世界航空业遥遥领先。在实现全体员工物质和精神两方面幸福的同时，日航对客户、对社会做出了贡献。

可以设想，如果全世界的人都实践"作为人，何谓正确"这一哲学，那么人类将会升华，人类社会将会进入更高阶段的文明。

MBA 的缺陷

1982 年，通过选拔考试，我被国家经济贸易委员会派往日本东京的生产性本部学习企业诊断。学习内容主要是科学管理的分析技术和技法，基本上就是 MBA 的那一套，比如对作业人员的工作乃至动作进行细致的分析测定，对生产工序进行观察分析，对设备运转率进行测定分析，对产品和市场进行细分以及对企业的收益性、成长性、安全性等进行财务分析，等等。

在计划经济时代，中国企业都是全民所有制或集体所有制，用的是所谓传统的管理方法。当时适逢改革开放之初，随着市场竞争机制的导入，对于这一套生产管理、质量管理、目标管理、精益管理等的技术技法，大家觉得很新鲜。后来如雨后春笋般，各种商学院都教这些课程，内容大同小异。

但是，这一整套从西方主要是从美国引进的科学的分析技法有一个缺陷。依靠这些分析技法，并不能分析出企业家为什么要办企业，企业的根本目的是什么，也分析不出企业家应有的人生观、价值观乃至企业家的人格，更分析不出企业员工的意识状况，而这些对于企业经营至关重要。现在我们的企业里发生的各种问题，乃至许多闻名世界的大企业发生的舞弊丑闻，其根本原因就在这里。这不是什么科学或科学水平高低的问题，而是有没有正确的企业哲学的问题。

特别是在 2008 年，发端于美国的金融风暴席卷全球。这场危机的本质是贪得无厌的资本主义的暴走狂奔。资本主义的精英们使用现代最尖端的金融技术，靠所谓虚拟经济，以钱生钱，追求自身利益最大化，结果造成了世界性的经济混乱和萧条。

自由竞争的市场原理、股东利益的最大化以及绩效主义，一方面搞活了经济，促进了社会的发展；另一方面，刺激了人的欲望，造成了严重的贫富差异，制造了社会动荡的根源。高度膨胀的利己主义、拜金主义在破坏人心的同时，也破坏了环境。在企业里，过度的绩效考核往往把人和人之间的关系变成了赤裸裸的、庸俗的金钱关系。

传统文化的局限

在以西方为代表的资本主义文明出现严重危机的时候，有人就想从东方文化，特别是从中国传统文化的儒释道中寻找出路，于是出现了"国学热"，现在方兴未艾。

中国几千年悠久的历史孕育了灿烂的文化，其中蕴含着巨大的智慧。特别是在正确的为人之道、致良知等方面，我们的古圣先贤有非常精辟的见解。这些教诲对于校正浮躁喧嚣的现实社会，具有深远的意义。

同时，在几千年封建皇帝的独裁统治下，我们的经济非常落后。在原始的、自给自足的自然经济条件下，我们没有也不可能产生现代意义上的企业这种组织形式，缺乏科学、民主和创新的元素。当然，我们也没有企业管理方面的科学，没有企业经营的哲学和实学，更没有经营十二条、会计七条、阿米巴经营，但这些是我们的企业家最需要的东西。另外，用难懂的文言文来教育企业的员工，改变他们的意识，事实上有很大困难。

稻盛哲学是集古今一切优秀文化之大成，应用于现代企业经营取得卓越成功的典范，是现代商业社会的儒释道。它把"作为人，何谓正确"，也就是把"是非善恶"作为判断一切事物的基准，在追求全体员工物质和精神两方面幸福的同时，为人类社会的进步发展做出贡献。另外，稻盛说的都是大白话，简单朴实，易于为普通员工理解和接受。

卓越的社会实验

京瓷、KDDI 和日航共计约 13 万名员工，已经在某种程度上实现了全体员工物质和精神两方面的幸福，并通过技术、服务、税金以及他们成功的哲学实践，对人类社会做出了巨大贡献。

这是伟大的社会实验。几千年来，古今中外先贤圣人描绘的理想社会，在稻盛那里变成了现实，这是前无古人的。星星之火，可以燎原。如果我们从稻盛哲学和他的实践中获得启示，并把我们与生俱来的良知发扬光大，我们就可以成为一个个"小稻盛"，就能把自己的企业做得更好，让员工更幸福，为社会做更多贡献。

"一灯照隅是国宝"，一个行业中只要出现一家实践稻盛哲学和实学的成功典范，就可能改变整个行业的风气。"一灯照隅，万灯照世"，如果有一万家企业实践良知经营并获得成功，就能改变整个商业文明的走向——从利己的文明走向利他的文明。

如果不改变人类这个利己主义的文明的走向，人类将没有未来！

稻盛和夫（北京）管理顾问有限公司董事长曹岫云

2017 年 5 月 10 日

X

前　言

　　2015 年 10 月，日本航空公司（简称"日航"）发布了 4～9 月期（2016 年 3 月底进行年度决算）的合并结算，营业利润达 1033.98 亿日元。就半年期来讲，刷新了日航历史最高纪录；同时，对年度的利润目标也向上做了修正。

　　我在临近 80 岁时，接受日本政府的邀请，就任日航的会长。日航于 2010 年 1 月宣布破产，从 2 月开始，我接受了日航重建的任务。在此后的三年中，我利用自己半个多世纪的经营经验，倾注精力于日航的改革。日航曾经被称为"日本的翅膀"，是代表日本国家的航空公司，但是当时的舆论却一致认为：日航"二次破产必至"。

　　2013 年 3 月，我的任务结束，我退出了日航董事会。但是从那以后，日航依然在重建的道路上顺利前进。

　　本书收录了我在 2010 年以后的几次讲演，是在日航重建期间的讲演。

经营究竟是什么？长达半个多世纪，在企业经营的现场，我认真思考，努力实践，本书汇集了我经营企业的精髓。我在日航重建过程中所做的一切，都浓缩在了本书中。我想，这么说并不过分。

人们常常认为，企业经营错综复杂，困难重重。但是，如果把目光投向事物的本质，可以说经营企业其实很单纯，只要理解经营的真谛，认真实践，经营企业绝非难事。

京瓷、KDDI和日航这三家企业所属行业不同，但是无论哪家企业，在经营中，我都依据"作为人，何谓正确"这一最基本的、普遍正确的判断基准，做出决定，采取行动。遵循这一单纯的原则，极度认真地投入经营，这就是我能使企业持续发展或重建成功的原因。

如果我的思维方式和经营方法能够带给更多的企业家和生意人有益的启示，作为作者，我将感到无比喜悦。

"稻盛和夫经营实录"系列记述了我作为经营者，在半个多世纪的经营实践中，一路不停不休向前迈进的足迹。

道路绝不平坦，甚至可以说都是崎岖险峻的攀登之路。我们之所以能够咬紧牙关，一直向前，马不停蹄地走到今天，就是因为我们经营企业的目的是：实现全体员工物质和精神两方面的幸福，促进人类社会的进步发展，祈愿他人更好。除此之外，没有别的原因。

　　本书也是一样，都是根据当时的情况，有感而发所做的讲演，我希望怀抱真挚之心投入经营的企业家以及各种组织的领导者，能够读一读本书。我祈愿本书的读者们，不仅能够经营好自己的企业，而且能够让身边更多的人得到幸福，并通过这种利他的行为，让这个社会变得更好。

稻盛和夫

2016 年 4 月

目 录

京瓷哲学的三个要素

在盛和塾（夏威夷）开塾仪式上的讲演

——2010 年 1 月 20 日

2010 年 1 月 20 日盛和塾（夏威夷）作为盛和塾第 61 家分塾正式成立。在开塾的纪念仪式上，稻盛以"经营为什么需要哲学"为题，针对在不同国家、不同文化中感觉困惑的经营者，阐述了哲学的必要性，以及应用哲学的三个要素。

在痛苦烦恼中、在反复思考中找到的经营的思维方式和方法

因为今天有许多新塾生，所以我想讲一讲企业经营中最基本的问题，就是经营哲学的必要性问题，演讲的题目是"经营为什么需要哲学"。

我 27 岁时，在几位朋友的支持下创建了京瓷公司，业务从制造电视机显像管用的绝缘零件开始，这一产品是我在以前工作过的松风工业（生产输电用瓷瓶的企业）里，由我开发的精密陶瓷新材料制造的产品。

当时我还很年轻，刚从大学毕业不久，在松风工业我负责从产品的研究开发、生产制造到销售的一系列工作。也就是说，不仅仅是研究新材料，而且从使用这种材料开发产品到制定生产工艺、设计生产设备，从日常的生产活动到与客户打交道的销售活动，有关这个产品的几乎全部工作都由我来负责。

但是就公司经营而言，我没有任何经验和知识。因此，在京瓷公司成立之初，300 万日元的资本金的筹措，为购置设备等从银行借贷 1000 万日元等事情，即创建公司的准备工作应该如何进行，我都不懂。同时，

从创业后第一个月开始，虽然只有28名员工，但从创业的月份开始就要发放工资，还要支付奖金（当时称为"买饼钱"），还有资金周转应该如何运作，我也摸不着头脑。

该怎么办才好呢？我非常困惑，这就是我当时真实的心境。当时唯一的客户是松下电子工业，我每天忙于去交货，忙于收取货款，作为经营者究竟应该如何经营企业，真是一窍不通。创业时的不安至今记忆犹新。

日常的经营，该怎么做才好呢？有关的思维方式和方法，让我烦恼不已，日日思索。我把思考的结果称为哲学，我创建了我的经营哲学的原形。

其实，"不断思考"这种习惯，我从松风工业时期就开始了。

松风工业第二次世界大战后连续亏本，到发工资时连工资都发不出，常常要拖延一两个星期，奖金就更谈不上了。企业与工会总是纷争不断，公司内红旗招展，一年到头罢工不停，情况非常糟糕。

我想离开这个公司却不能如愿，公司分配给我的工作是开发新型陶瓷材料，我不得不投入这项研究。

工资待遇低，缺乏像样的研究设备，环境恶劣。在这种情况下，要想做出出色的研究成果，该抱一种什么心态来投入工作？这个问题，我每天都在思考，烦恼不已。

从这时起，"为了做好工作，必须有这样的思维方式，必须抱这样的心态"，每当我有所感悟时，我就把自己的想法记在研究实验用的笔记本上。

后来，当我开始经营京瓷公司的时候，我常常把记录了我工作要诀的笔记本拿出来，再添加上在经营企业中新的体悟，这就是我哲学的原形，将这些要点重新整理，就成了"京瓷哲学"。

我投身于经营，因为不懂经营而烦恼不安。"究竟该怎么做，经营才能顺利进展？"我去倾听优秀经营者的成功故事，怎样才能学到他们的成功经验？我烦恼，我思索，在此过程中，我终于领悟的有关经营的思维方式以及具体的方法模式，归纳起来就是"京瓷哲学"。

"京瓷哲学"的根本就是"作为人，何谓正确"这么一句话，就是把正确的思维方式贯彻到底。把做人最基本的道德、伦理作为基础，这就是"京瓷哲学"。

用正确的思维方式来凝聚员工的合力

这种"哲学"我不仅亲身实践，而且认真地给员工讲解。但是，将这种经营的哲学灌输给员工，让整个团队共同拥有的时候，在倡导自由和民主的社会里，往往受到抵制。有人以思想自由、言论自由为盾牌，强调："拥有什么思想、哲学，难道不是个人的自由吗？"

当然，我也绝不是要对思想和言论自由提出异议。但是，企业这样的集团，为了其中的员工的幸福，需要揭示高目标，需要不断发展成长，这就要求有正确的哲学、正确的思维方式作为共同的基准，在此基础上把全体员工的力量凝聚起来。

特别是公司干部，必须是充分理解公司的思维方式，从内心与公司的哲学产生共鸣的人。"那样的哲学同我的想法不合，我无法接受"，如果有这样的干部，公司的力量就无法凝聚起来。

当然，不只是干部，一般员工也要与公司一条心，一起朝着相同的方向努力奋斗。为此，他们必须加深理解公司的哲学、思维方式，大家共同拥有这种哲学。

我所说的哲学的根本，前面已讲到，就是以善恶判断事物。"作为人，何谓善、何谓恶"，用这一基准对事情做出判断。不用得失损益判断事情，就是我思考的哲学的根基。

越是强调哲学共有，就一定会有很多人表示抵触，认为这是"思想统制""思想强迫"。

但是，首先大家必须理解一个道理：企业是一个集团，为了实现高目标，大家在工作中必须配合协作。不管个人是否喜欢，全体人员都要理解、赞同并共同拥有这种普遍正确的思维方式，这是做好工作、实现企业目标的前提。

"将企业哲学强加于人，我很讨厌。"对于持这种观点的人，应该很明确地告诉他："你抱这种观点，在这个公司我们就无法共事，你应该辞职。如果在公司里，无论持有什么思维方式都是自由的话，那么选择公司也应该是自由的。你既然讨厌我们用这种哲学来经营企业，那么你应该去找一家适合你想法的公司。"

"不理解、不赞同公司的哲学，而表面上又装出理解赞同的样子，彼此都不愉快，既然如此，你就应该去与你的思想哲学一致的企业。"我实际上就是这么说的。我至今认为这一点必须明确，没有任何妥协的余地。

今天我讲话的题目是"经营为什么需要哲学"。大家知道，26年前，我赤手空拳创建了第二电电（现名为KDDI）。当时我没有通信方面的知识、技术和经验，但是我创立第二电电，对巨型企业电电公社发起挑战。当时，我就想以哲学为武器打这一仗。我的哲学究竟正确还是不正确，这是一场巨大的实验。我仅仅依靠"京瓷哲学"开创第二电电，全凭"京瓷哲学"经营至今。

京瓷去年（2009年）迎来了创立50周年。自我27岁创业以来的50年间，从未出现过一次赤字。我认为，这个事实证明了企业经营需要哲学。

京瓷现在已经成长为销售额超过1万亿日元，在全世界拥有6万名员工的企业。正好在飞来夏威夷之前，接到京瓷干部的报告，在这次经济大萧条之中，京瓷依然业绩傲人。这是京瓷的会长、社长、干部以及全体员工依据"京瓷哲学"，拼命奋斗的结果。

刚才夏威夷盛和塾的一位发起人在致辞中鼓励说："稻盛先生，这回要重建日航了，要把您平素强调的利他哲学付诸实践了。利他精神具备何等巨大的威力，证明的时候到了。"我准备把我的经营哲学传授给日航的员工，与他们一起来重建日航。

首先，我会向日航的干部们说明经营为什么需要哲学；然后，就"京瓷哲学"的具体内容一条一条进行讲解。

确立企业经营的规范、规则以及必须遵守的事项

第一个理由，"确立企业经营的规范、规则以及必须遵守的事项"。经营公司无论如何都必须有全体员工共同遵守的规范、规则或事项，这些作为"哲学"，必须在企业内部明确地确立起来。

但是事实上，公司的这种规范、规则或者说必须遵守的事项并不明确的企业比比皆是。就是这个原因，无论古今东西，各色各样的企业舞弊丑闻不断发生，企业因此陷入困境。历史上一些有名的大企业甚至因为这类丑闻而遭到无情的淘汰。

稍稍回顾一下过去，在日本，食品造假的雪印乳业公司、因做假账粉饰财务数据的钟纺公司，这些历史上的名门大企业都消失了。在美国，做假账的大型能源企业安然公司，还有帮着它弄虚作假的美国最大的审计法

人安达信，都破产了；美国第二大通信公司世界通信公司，也因财务作假被揭露而崩溃了。

所有这些案例，起因都是企业忽视了经营企业必须遵守的规则。企业舞弊丑闻之所以发生，都是因为企业没有明确确立自己的"哲学"，或者说这种"哲学"没有渗透到企业里面。

特别是在大企业，首先就没有经营者会向员工提出"作为人，何谓正确"这个问题，而我思考的所谓"哲学"却正是针对这个问题的解答。追问下去的话，这也是孩童时代父母和老师所教导的做人的最朴实的原则，例如"要正直，不要骗人，不能撒谎"等。

正如刚才所讲，作为人是善还是恶，把善恶作为判断基准，把正确的事情以正确的方式进行到底，就是我思考的哲学。我所讲的规范、规则就是朴实的善恶判断的基准，就是我反复讲的做人应该做的正确事情。

"这么起码的东西还需要在企业里讲吗？"或许有人感到惊奇。但是，正因为不遵守上述理所当然的做人原则，才产生了各种各样的企业丑闻，导致企业业绩滑坡。

例如，企业或产品发生了一点小问题，对社会影响不大。虽然是小问题，但如果如实公开，企业可能蒙受损失，于是采取"不如实公布，沉默以对"的态度。而由于内部告发、问题暴露时，企业又出面掩饰，做假报告，说谎骗人，掩盖真相，企图蒙混过关。结果事态更加复杂。我们看到过许多企业犯过这种错误。

这就是出身于一流大学、跻身于一流企业领导人岗位的经营干部做出的事情。与这些企业精英讲什么"要正直，不要骗人，不能撒谎"，似乎太幼稚太愚蠢了，他们会一笑了之。然而，这么简单幼稚的道理他们却不能实行，这就是导致企业崩溃的根本原因。

这么单纯的哲学，企业的干部们却没有将它变成日常生活中的规范、规则和必须遵守的事项，这就导致了企业的崩溃。换句话说，没有将哲学的规范、规则和必须遵守的事项当作自己日常生活的指针，当作经营判断的基准，这才是企业集团崩溃的真正原因。

我认为，正因为缺乏这种朴实哲学的人成了大企业的领导人，才招致今天世界上许多大企业丑闻频发。其结果是整个社会陷入极度的混乱。

所幸的是，因为我缺乏经营的经验和知识，有关企业经营的规范、规则和必须遵守的事项，仅仅从"作为人，何谓正确"这一句话中引申出来，并用它来说服员工。

"作为人，应该做的正确的事情，并以正确的方式贯彻到底"，虽然是极为简朴的判断基准，但正因为遵循由此得出的结论去做，京瓷从创立以来长达半个世纪的时间内，经营之舵从未偏离正确的方向。后来京瓷进军海外，这样的判断基准更成为全世界普遍适用的哲学。

明确企业的目的和目标

第二个理由，所谓"哲学"，它是用来表明企业的目的和目标，即要将这个企业办成一个什么样的企业。同时，这种"哲学"还要表明，为了实现自己希望的、理想的企业目的，需要有什么样的思维方式。因此，我所倡导的这种哲学在企业经营中必不可少。

50年前，京瓷刚诞生时，公司在日本的古都京都西侧的中京区西京原町借了一间木结构的房屋，当时员工尚不足百人，面对他们我反复强调："要把京瓷这个公司办成西京原町第一的企业；西京原町第一以后，就要瞄准中京区第一；中京区第一以后，接着是京都第一；实现京都第一以后，再就是日本第一；日本第一以后，当然就要世界第一。"

这种梦想，我一有机会就对员工们诉说。这既是给员工的一个梦想，也为了鼓励作为经营者的我自己。但是说实话，"这样的目标真的能实现吗"，我自己心中也有疑虑。但同时我又会对自己说："不！应该去实现。"

当时，在京瓷诞生的京都市中京区西京原町已经有了非常有名的企业"京都机械工具公司"，制造汽车车载工具。当时汽车产业蓬勃兴起，这家企业从早到晚满负荷生产。所以，要超过它成为西京原町第一的企业，就是要实现这个目标，实际上都非常困难。

说到中京区第一，就会想到"岛津制作所"，当时它已经是日本制造理化设备屈指可数的公司，近年来还出过诺贝尔奖的获奖者。要想超过岛津制作所，我自己也认为那简直是白日做梦。

更何况是日本第一。仅看同行，当时就有"日本电瓷瓶公司"和"日本特殊陶业公司"两家名门企业像巨人一样耸立在精密陶瓷的行业里，还是弱不禁风的京瓷公司却要瞄准日本第一，未免太过荒唐无稽了。

"日本电瓷瓶"和"日本特殊陶业"这两家公司作为研究陶瓷的技术型企业，在我看来也非常了不起，当时的京瓷望尘莫及。直到现在，这两家企业依然优秀。但是销售额都不足3000亿日元，而现在京瓷的销售额已经超过10 000亿日元。与当时的京瓷比较，它们就是巨人。

当时要超过它们，自己也觉得缺乏根据，是一个傻乎乎的、荒唐无稽的目标。但即便如此，我却依然不断向员工们诉说："日本第一，不，要瞄准世界第一。"与此同时，为了成为世界第一的公司，干部员工应该如何思考、如何行动，从思维方式到工作方法，都要指明，就是说，必须在企业内确立这样的哲学。

实际上，从京瓷还是中小企业开始，我就希望把京瓷做成精密陶瓷世界第一的企业。我在各种场合不断向员工诉说为了实现这样的高目标所必需的思维方式和工作方法。朝着这一方向，全体员工要团结一致，共同奋斗。

因此，在我的"哲学"中，"树立高目标""持续付出不亚于任何人的努力""把自己逼入绝境""极度认真地生活"这类表达克己禁欲的严肃的思维方式和人生态度的句子随处可见。

我自己从年轻时开始就强烈地意识到，必须确立高目标，为了实现这种高目标，必须具备"京瓷哲学"中提倡的那种严格的生活态度，并努力实践至今。因此，在"京瓷哲学"中，严格自律的话语比比皆是。

为什么我要在"京瓷哲学"中倡导如此严格的生活方式？那是因为我要把京瓷办成日本第一乃至世界第一的陶瓷企业。当时京瓷还是一个员工人数不满百人的小企业，就立志要成为日本第一，不！世界第一。为了达到这个目标，严格到禁欲程度的生活态度无论如何都是必需的。

要攀登什么样的山

曾经有如下一段逸事。

京都有一家内衣企业华歌尔公司，它的创始人塚本幸一先生活着的时候，常召集京都的企业家朋友喝酒聚会。塚本先生年龄比我大一轮，属相与我相同，他很爱护我，像亲兄弟一样。

另外，当时京都还有一家同华歌尔一样有名的纺织品企业，这家公司的第二代社长也常来聚会。他从东京大学毕业后进入住友银行工作，后来子承父业当了第二代社长，大概比我小三四岁。他还非常喜欢喝酒，经常喝得酩酊大醉。

有一次，我同他围着塚本先生喝酒，发生了意见分歧。因为我持有"京瓷哲学"里的那些思维方式，即使在喝酒时也不免谈及一些认真严肃的话题。这时候，这位第二代社长就说："不，稻盛君，我才不像你那么想呢。"他主张人生应该过得轻松快乐，他持有的思维方式就是人生应该潇洒有趣。因为他头脑聪明，又是名门之后，从没吃过苦头，才有那样的想法吧。

我们争论时，正好经济不景气，塚本社长正在担心今后的经济形势。在辩论时我说："正因为经济环境严酷，在企业经营中更需要认真慎重的态度。"这时这位第二代社长就说："不，我不这么认为。"争论开始了。

这时候塚本社长突然厉声喝道："喂！请你闭嘴！"因为事情太突然了，我吃了一惊。性格开朗、喜欢与大家一起干杯的塚本先生板起面孔，大声呵斥，周围的人都不免大吃一惊。

接着塚本先生又说道："你胡说什么呢，你以为你与稻盛君可以相提并论吗？你与稻盛君无法类比，你还要比什么呢？"

"稻盛君赤手空拳创办企业，把京瓷做成了如此优秀的企业。我创办华歌尔，也算搞到了现在的规模，即便是我也要对稻盛君刮目相看。而你呢，不过是子承父业，企业经营得那么差劲，你有辩论的资格吗？""稻盛说了，有什么样的哲学就会有什么样的经营。针对稻盛君的哲学，你有坚持自己哲学的资格吗？"塚本的批评非常严厉。

轻松愉快地享受人生，马虎随意地经营企业，而经营业绩竟可以超过认真辛苦、拼命努力的京瓷，如果是这样，那么你的意见或许还值得一提。但是你浅薄的哲学只获得了很差的业绩，而你却要与取得高业绩的经营以及经营哲学唱反调，有什么意义呢？塚本先生就是这么说的。

当时，聚会的京都经营者朋友有10余人，被塚本先生斥责的当事人，以及在场的其他经营者，或许多数人并不明白塚本先生说话的真正含义。

但当时，我深切地感受到了塚本先生想要表达的意思。意思是，问题在于"要攀登什么样的山"。

我秉持严格到禁欲程度的人生观，那是因为我想把企业办成世界第一。为了达到这个目的，就需要这种严肃认真的经营姿态。因为瞄准的目标不同，持有的思维方式以及具体方法，也就是哲学，当然也不同。

稻盛君想要办世界第一的企业，所以具备严格自律的思维方式，特别认真地工作和生活。而你只想办一个勉强说得过去的企业，在这个目标之下，你的人生观就是要轻松愉快地享受生活，你也是这么做的。也就是说，"攀登什么样的山"不同，即彼此瞄准的目标不同。塚本先生讲的这层意思很明确，我就是这么理解的。

例如，像远足一样去爬附近的小山，当然不需要任何训练，轻装去爬就行了。但是，如果要攀登险峻的高山，就需要相应的严格的训练，需要充足的装备。

如果要攀登冬天的日本阿尔卑斯山，甚至想征服世界最高峰珠穆朗玛峰，那就需要具有高超的攀登技术和丰富经验的人才，需要登山队员长期露营必备的充足的食品和装备，需要周密的准备。拿郊游爬小山与攀登珠穆朗玛峰相比较，展开争论没有什么意义。

"要攀登什么样的山"，这用来比喻企业经营非常贴切。就是说，京瓷从还是中小企业时开始，就立志成为世界第一的陶瓷企业，为了达到这个目标，"必须有这样的思维方式、这样的方法模式"，将这样的思考归纳成为"哲学"，这种"哲学"就是适合于京瓷攀登高山时所需要的准备、装备和技术。"京瓷哲学"倡导这种严肃的哲学。既然揭示了要成为世界性企业的目标，那么就需要明确，从企业最高层到普通员工，企业全体成员必须具备的思维方式，必须做好精神准备。

"要攀登什么样的山"，要办什么样的企业，目标不同，企业所要贯彻的哲学和思想也随之而变。要瞄准高目标，就需要与之相应的思维方式和方法论，因此，在我的哲学中罗列了许多严厉甚至苛刻的条目。

所以，每当京瓷的员工去参加同学聚会时，从友人那里常听到这样的感叹："在那么严格的公司里，你还干得这么欢！"这话语中，既有佩服的语气，又有冷嘲的口吻。

正是因为京瓷瞄准的是"世界第一"的高目标，同这些友人所在公司的立场完全不同。

从京瓷还是中小企业时开始，我就像魔怔般不断诉说要成为世界第一，并持续付出不亚于任何人的努力。结果，京瓷果然成长为世界第一的陶瓷企业，这样的结果证明了我的哲学，即我强调的思维方式和方法论是正确的。

还有，刚才提到的第二电电也是靠"京瓷哲学"起家的。当时，既没有通信技术，又没有充裕的资金，以少数几位年轻的技术员为中心，向巨大的电电公社发起挑战，并成长为今天的KDDI。我相信，原因就在于规范第二电电这个企业的哲学是正确的、卓越的。

如果说我的"哲学"与我们要攀登世界第一的高山不相适应，京瓷和KDDI就不可能发展成为今天这样的公司。从这个意义上说，这种"哲学"是已经被事实证明了的正确的经营哲学。所以，希望大家今后能够坚定信念，认真学习这种哲学。

赋予企业优秀的品格

第三个理由，"京瓷哲学"所倡导的思维方式和方法可以赋予企业一种优秀的品格。

就像人具备人格一样，企业有企业的品格。我认为，为了赋予企业优秀的品格，企业经营无论如何都需要优秀的哲学。

人要具备优秀的人格，企业要具备优秀的品格，要做到这些，就要弄明白"作为人应有的正确的生活态度"，而"京瓷哲学"就是用"作为人，何谓正确"为基准进行对照，从中归纳出来的"正确的为人之道"。

这种"正确的为人之道"立足于普遍正确的伦理观、道德观之上，所以"京瓷哲学"的内容超越国境，在"全球性经营"中也能有效地发挥作用。

京瓷现在在全世界有很多生产基地和销售网点，员工大部分是外国人，作为全球性企业在全世界开展业务活动。在语言、民族、历史和文化完全不同的国家和地区开展事业，从事企业经营的时候，如何"治人"这个问题特别重要。

据说"治人"有两种方法：一种是欧美常见的方法，就是用强大的权力来压制人、统治人，这种办法在东亚称为霸权主义，或称"霸道"；另一种方法，就是亚洲特别是以中国为中心所倡导的"德治"的方法，就是用仁义来统治的方法，这种"德治"的方法叫作"王道"。

以力量来支配人、统治人，还是以德治人；用"霸道"的方法，还是用"王道"的方法？作为统治方法，自古以来就争执不休。翻开中国治乱兴亡的历史，这一点看得很清楚。

某个时代，用霸道夺取政权的当政者用武力迫使人们顺从，但过了不久，在睡梦中被人斩首，用武力统治的当政者因武力而没落。尔后群雄割据争霸，由霸道统治的时代得以持续一段时间。但是，霸权主义最终走到尽头，乱世过后，人们渴望治世，渴望以德而治的王道出现，于是受到民众信任和尊敬、以仁义治国的当政者登上历史舞台。以王道治国的当政者人格圆满、仁慈平和，因政治清明而出现盛世。但经过一段时期，不行使武力的统治者因过于温和而遭到蔑视，于是反乱再起，施行王道的政权又被推翻。

如何治人，对于任何一个时代的当政者来说，都是极为困难的课题。

拿我们企业经营者来说，哪怕是只有五个人、十个人的小集团，要治人，也就是要让员工与经营者目标共有，让员工表里如一，拼命为公司做贡献，也是一件非常困难的事情。

不能获得信任和尊敬，就无法治人

创建后第九年，当时京瓷还是中小型企业，就在斯坦福大学附近的库巴第诺，即现在的硅谷设立了事务所，派遣了两名员工，开始在美国展开营业活动，这在日本企业中算是最早进军美国市场的。

当时还是硅谷的黎明期，在事务所周围是一片樱桃林，到了5月，道路旁边都有卖樱桃的农家，我们买来樱桃大口地吃。我们拜访做半导体的厂家，展开销售活动，客户中有仙童公司、英特尔公司。想起当时的情景真让人怀念。

工作忙碌起来以后，聘用了当地一位日裔员工。这位日裔员工的面孔同日本人一样，但思维方式完全是美国人那一套，除了懂得一点日语之外，在各个方面都同我们持不同的意见。后来在圣迭戈设厂时我们聘用了一位美国的工场长，同他之间也总是意见对立，格格不入。

通过上述的经验我认识到，在海外经营企业，归根到底就是一个如何治人的问题。

当时只要现场一发生问题，我就立即飞往美国，穿上与现场工人一样的工作服到车间巡视，看到工作差的员工，就会"要这样做，要那样干"，直接批评指导他们。例如，看到当地的女工做装配作业时手忙脚乱，就会走到她身旁，"你看这么装如何"，教给她作业的方法。这时，身穿西装的美国工场长立刻赶来现场，抱怨说："稻盛社长，你到这种地方来，让我很难堪。""我们为社长准备了单独的办公室，你只要坐在社长室，有事叫我们就行，我们会向你报告现场的情况。你穿着工作服，来到工作现场，与女员工一起，同她们做一样的工作，这让我们感到很难堪。在美国没有这种习惯，从日本来的社长这么做，会被人小看，怎么水准这么低。"

我并不介意别人怎么想，对这位美国工场长的意见不以为然。此后，我还是同在日本一样，深入现场，与现场员工一起，帮助他们把工作做好。

有一次，我看到一位工作极为马虎的年长的美国员工，一副厌恶工作的表情，将陶瓷原料放进材料机械时，竟将原料洒了一地，地上很脏，他也毫不在意。让我逮着了，我严厉地斥责道："干活怎么能这样有气无力。另外，将贵重的原料洒落一地，你怎么连一点成本意识都没有。"我犹如烈火般怒斥他。

这位年长的员工火冒三丈，随即顶撞道："简直混账，这样的公司还干得下去吗！"吐出这句话后，他愤然离去。

后来我才知道，这位员工原来出身于美国海军，是经历日本冲绳战役激战取胜的勇士。大概因为这个原因，他对日本有点偏见，经常使用"东洋鬼子"这种侮辱性的语言对待日本人，对于在美国工厂工作的日本员工，他平时就出言不逊，毫不忌讳："像你这样的日本鬼子，有什么资格来指挥我。"所以，这次受到我这个东洋鬼子头头的严厉斥责，他当然受不了，于是就骂我混账，拂袖而去。

在冲绳战役中获胜，接着占领日本，后来凯旋回国，这么一位身经百战的勇士，却要受到一败涂地的日本人社长的严厉呵斥，是可忍，孰不可忍？对于他而言，这样的场面之难以忍受，超出我们的想象，他表达的态度或许可以理解。

面临这类情况，收购了美国企业的日本企业往往忍让再忍让。但我却毅然决然，严肃地指出他的不是："你的作业态度，作为一位员工完全不合格。"我决不改变初衷，妥协示弱。

周围的人提醒我："你那么严厉地批评，会遭到忌恨，甚至说不定会遭到暗算。你应该节制，说话不要太尖锐。"

针对他们的提议，我这么说："员工工作态度恶劣，就必须严肃地向他指出，要他改进，这不是以势压人的霸权主义。因为我是社长，我可以用权力压制他，我决不采取这种态度。我是教育他，告诉他在企业工作应有的态度。因为他不听，所以我才会严加斥责。"

回顾历史就可以知道，在统治异民族时，常常会采用暴力压制，迫使他们就范。但是我认为，不能采取这种办法。要用人格，用人的德行赢得对方的信任和尊敬，必须用这种方法治人。

既不受信任，又不受尊敬，这样的人在异国他乡治人管人，当然不可能成功。同时，缺乏对企业领导人的信任和尊敬，员工对企业就无忠诚可言。要做到不管领导人是否在场，都能一如既往，拼命工作，当然也不可能。

从这一点上说，这位当过美国海军的员工辞职，说明当时的我还没有能获得他的信任和尊敬，对此我应该深刻反省。

在语言不通时，如何获得信任和尊敬

那么怎么做才能得到对方的信任和尊敬？要赢得外

国人的信任和尊敬靠什么？我认为，那就是优秀的人格。在语言不通的情况下，要让外国人信任和尊敬，必不可少的条件就是自己具备高尚的人格。"那是一位人格高尚的人！"让对方能做出这样的评价，就是取得对方信任和尊敬的最好方法。

要赢得外国人的尊敬，必须具有特别优秀的人格，就是具备做人的"德"行。这个"德"字超越国界，普遍适用。

不能"以德治人"，那么在海外企业的运行就无法成功。很幸运，我意识到了这一点。但是，在日本的企业中真正理解并实践这一点的还不多。在海外开展全球化经营的许多日本企业中，都是日本人担任当地的法人代表、企业社长，就说明了这一点。采用当地人当社长展开商业活动的，在日本大企业中出乎意料的少之又少。

要求跨国经营的 21 世纪，日本企业究竟能不能发展，海外的当地法人，从领导人到基层员工，对公司本部是否抱有信任和尊敬之念，这才是关键。这一点决定了成败。

别人是否对自己抱有信任和尊敬之念，对于一个人来说，他的人格影响很大。与此相同，公司所具备的品格，能不能超越人种、语言、历史和文化的障碍，能不能打动世界不同国家的人们的心，这才是关键。

"由高层次的哲学所支撑、具备优秀品格的企业，它们的员工真的值得我们信任和尊敬。因此，我们应该尊重他们的意见。"要让海外员工由衷地说出这样的话。

因此，能够赋予企业优秀品格、赋予员工优秀人格、全世界普遍适用的高层次哲学就非常必要。这是经营为什么需要哲学的第三个理由。

哲学的实践从"每天反省"开始

上面谈的三个理由，包含在我的哲学之中。

在企业里倡导这种哲学，与员工共同拥有这种哲学，这时最为重要的是要实践这种哲学。

谈到实践，我就想起了在第二次世界大战前，在我孩童时代，老师教我们的一首歌。在我生长的鹿儿岛，那里对青少年实施所谓的"乡中教育"，传授剑道等武术，并传授东方古代典籍，对"萨摩隼人"进行各方面的教育。其中就有"日新公伊吕波歌"。开头的"伊"字歌，第一句就是："圣贤之道，听了念了却不做，毫无价值。"就是说，古人的优秀道德，不管听了多少、念了多少，不亲身实践，没有任何意义。

哲学也一样，无论学了多少，因为是过于简单的道理，将它变成自己的东西并认真实践的人反而很少。

前面我已经讲过多次，我的哲学的核心，就是"作为人，何谓正确"这么一句话。就是说，这个哲学的基础是非常朴实、非常幼稚的道德观、伦理观。正因为朴实甚至幼稚，"这么简单的东西谁不懂呀"，人们往往不屑一顾，并不打算认真实行。我认为，这就是问题所在。

实际上，学习和掌握正确的做人的道理是一件难事。乍看觉得非常简单，但是作为自己的人生信条付诸实践非常困难。那么这个哲学我自己完全实行了吗？实际上我认为自己并没有完全实行。

圣人君子以及开悟的人，他们能够实践真理而不觉得痛苦。但我们凡人，无论学了多么好的道理，完全实行总是难上加难。这一点自古以来大家都承认，因此

"日新公伊吕波歌"一开头就唱那一句，现在还继续强调这一条。

尽管人有只说不做的习性，但是为什么我还要跟大家反复强调"必须在企业里提倡这种哲学，必须与员工共同拥有这种哲学"呢？

因为将哲学融入自己的血肉并付诸实践，虽然极为困难，但理解"作为人，就应该这样去生活"，力求接近这种理想的生活状态，并为此而拼命努力的人，与不作这样的思考、漫不经心地生活的人之间，人生和工作的结果可能有天壤之别。

也就是说，对于哲学，不是一个能不能掌握的问题。祈愿做一个优秀的人，随时反思反省，无论如何非掌握不可，并为此持续不断地努力，这才是最重要的。

这与佛教、基督教所倡导的戒律是一样的。神佛有种种戒律，要求僧人和信徒遵守戒律。然而，即使是宗教界的权威人物，能够完全遵守神佛戒律的人恐怕也是没有的。

既然是凡人，想要遵守的事项也往往遵守不了，但是即使如此，还是要认真思考，努力去遵守，随时随地翻阅经典，不断自我反省，肯这样做的人和不这样做的人，其人生和工作的结果迥然不同。

必须天天反省自己，拼命努力去实践正确的为人之道，通过这种努力，就可以一点一点磨炼自己的灵魂，提升自己的人格。我认为，这一条对实践哲学是最为重要的。

在企业里实践哲学，希望与员工共有这种哲学的时候，还有一点，就是倡导哲学的经营者的姿态很重要。

例如，在企业里举办哲学学习会，有时会遭到年轻员工的抵制。因为经营者提倡大家学哲学，而充满理想的年轻员工理解这种哲学后，就会拿这种哲学来同提倡哲学的经营者进行对照，如果经营者行为不当，年轻员工察觉后就会产生抵触情绪。

前面已经提到，虽然表达了高层次的思维方式的哲学，但能够完全实践的人并不存在。所以，在给员工讲解哲学之前，应该首先表达如下的意思：

"我提议大家要学哲学，好像我自己有什么了不起似的，其实这种哲学我自己还没有实行。我虽然是公司的领导人，但至今在哲学的各个方面都没有很好实践，从这个意义上讲，我还是个尚未入门的小学生，但从今之后，我要与大家共同努力，终生去实践这种哲学。

"不是说因为自己还没有很好实践，就没有资格在大家面前倡导哲学。作为社长，我至少要提出'应该这么去做'。因为作为社长，我必须这么说。而且正因为我希望年轻人成长，希望公司发展，我才会这么说。

"如果大家认为我的言行违背哲学，那么希望大家超越我，拥有更出色的思维方式，来带领公司前进。这样做，不仅能使公司发展壮大，而且能使大家人生幸福。"

我认为，事先要给大家讲这样的话。

越是高层次的哲学，在让年轻员工学习理解时，越要采取谦虚的态度。讲些豪言壮语，好像自己全都理解了，全都实践了，但这种态度在年轻员工看来，不过是留下了笑柄。

能够全部实行哲学的人不存在，倡导哲学的我自己也没做到。正因为如此，千方百计地拼命努力要让哲学变成自己的东西，这种姿态很重要。

　　希望企业经营者理解这一点，作为企业的领导人，要与员工共同钻研哲学，共同实践哲学。

人类社会所要求的领导人的资质

　　最后我想谈一谈有关经营者、有关领导人资质的话题。

　　2002 年 4 月我与位于美国华盛顿的战略与国际问题研究所（CSIS）的前理事长戴维·阿布夏先生共同创建了名为"阿布夏·稻盛领导力研究会"（AILA）的领导人培训机构。

　　不管什么集团，集团领导人决定了这个组织的盛衰。领导人的资质对于组织具有巨大的影响，缺乏优秀资质的领袖人物才是今天这个世界混乱的原因。因此，必须培养担负历史使命的年轻领导人。从这种危机感出发，我与阿布夏博士共同创建 AILA 并开展活动。

　　我有机会在 AILA 发表演讲，在华盛顿政界、商界、财界的名流面前我讲了下面一段话：

　　"人类社会有各种各样的组织，小至一个公益性团体，大至一个国家，在这样的组织里一定有领导这个组织的中心人物，就是被称为领袖的人物。翻阅历史可以看到，人们的命运很大程度上为集团的领袖所左右，好的领袖可以使集团发展壮大，坏的领袖把集团带向悲剧的深渊。"

有关领导人的资质，中国明代民间思想家吕新吾，在其论著《呻吟语》中说，"深沉厚重是第一等资质"。也就是说，具有厚重性格，并经常对事物进行深入思考，是作为领导人的最重要的资质。

同时，吕新吾又说，"聪明才辩是第三等资质"。也就是说，聪明能干、巧于辞令，不过是第三等资质。

然而，不论东洋西洋，还是当今世界，吕新吾所说的只具备第三等资质，即"聪明才辩"的人被选拔为领导人，这种现象相当普遍。当然，这种人会干事，作为参谋、作为助手使用，可以发挥很大作用，但是，他们是否具备作为集团领导人的优秀人格，那是另外一个问题。

我认为，当今世界上，许多社会之所以荒废，根本原因就是很多集团的领导人只具备第三等资质。为了让社会变得更好，把吕新吾所说的具备第一等资质的人，就是具备高尚人格的人选为领导人，极为重要。

在日本，从东京大学等超一流大学毕业，通过国家公务员的一级考试，成为中央机关的官僚，由这些能力出众的人管理国家，我们国民也把有关国家的事情完全委托给他们。不仅在日本，全世界都有类似的倾向，选头脑灵活、聪明伶俐、能言善辩的人当领导人，把国家的政治和行政交给他们。但是，如果这些人缺乏高尚的人格，就可能犯下严重的错误。因此，必须选拔具备第一等资质、具备优秀人格的人担任组织的领导人。

人格随时会变，因此要不断努力提升人格、保持优秀的人格

从这一观点出发，在讲演中我继续说道：

"但是，人的人格既不是与生俱来的，也不是永远不变的。人格会随着时间的推移而变化。先天的人格或许因人而异，有的人生来人格就好，有的人则坏。但即使生来就具备优秀人格的人，终其一生，要始终保持其优秀的人格，也极为困难。

"这是因为，人的人格受环境影响，时时刻刻都可能向好的方向或向坏的方向变化。例如，原来很勤奋又很谦虚的人，一朝权力在手，就变得傲慢起来，最后玷污了自己的晚节，这种事例很多。另有一种人，前半生与社会作对，甚至在社会上兴风作浪，但是在历尽辛酸之后，以某事为契机，幡然悔悟，浪子回头，晚年变成了具备优秀人格的人，这样的例子也存在。

"既然'人格'是变化的，那么选拔领导人的基准，就不能仅用'当时'这一时点上他的人格如何，做出判断。所以，我们在选择领导人时必须同时考虑'怎样才能提升人格，怎样才能维持高尚的人格'。"

现在不论哪个国家，许多著名企业和它们的经营者，因为丑闻而倒闭或陷入困境。这类企业都是那些有卓越才能的经营者通过非凡的努力建立起来的。

但是，因为这些经营者的人格没有充分提升，所以一旦功成名就之后，不知不觉中就放松了努力，不再拼命工作，只想自己一个人独享经营成果，甚至不惜违规违法。

所以，最重要的是，领导人必须努力提升自己的人格，努力维持自己高尚的人格。有人认为这话未免迂腐，但是我相信，这是防患于未然，是避免领导人堕落变质，避免企业由盛转衰的最有效的方法。

华盛顿政界、商界和财界的许多要人对我的观点表示赞同。接着，长期以来在华盛顿政界中心活跃的阿布夏先生以美国第一任总统乔治·华盛顿为例，发表讲话。

阿布夏先生说，美利坚合众国获得独立、取得飞跃发展的原动力，就是因为具备伟大人格的乔治·华盛顿成了美国的第一任总统。

亚洲、非洲和中南美洲的许多国家，原来都是欧洲诸国的殖民地，它们从宗主国获得独立后，因为独裁政治和内战而陷入混乱。在长期持续的混乱之中，只有美国，自从摆脱英国的殖民统治获得独立后，一直在繁荣的道路上不断前进。阿布夏先生认为，美国成长发展最重要的因素，就是具备伟大人格的乔治·华盛顿当了美国的第一任总统。

如果将巨大的权力授予人格不成熟的人，后果不堪设想。但是，因为乔治·华盛顿具备优秀的人格，所以合众国国会排除反对意见，为了让他能够顺利贯彻自己的政策，而授予总统巨大的权力。

　　企业经营也一样。在企业里，经营者被授予极大的权力，但是这种权力的行使，应该是为了保护员工，为员工创造幸福，而不可以用来压制员工，不可以利用权力来满足经营者个人的私欲。

　　特别是在海外经营企业，不是靠权力而是靠德，就是靠经营者的人格和企业所确立的高层次的经营哲学来赢得员工的信任和尊敬，这才是最重要的。

　　我希望刚刚起步的夏威夷盛和塾的企业家们，首先在自己的企业内确定正确的哲学，与员工共同拥有这种哲学。作为经营者，自己要率先垂范，带头实践这种哲学，不断努力提升自己的人格。如果这样做，企业就一定能发展，而且能够长期持续地繁荣昌盛。

要　点

　　"京瓷哲学"的根本就是"作为人，何谓正确"这么一句话，就是把正确的思维方式贯彻到底。把做人最基本的道德、伦理作为基础，这就是"京瓷哲学"。

○

　　我也绝不是要对思想和言论自由提出异议。但是，企业这样的集团，为了其中员工的幸福，需要揭示高目标，需要不断发展成长，这就要求有正确的哲学、正确的思维方式作为共同的基准，在此基础上把全体员工的力量凝聚起来。

○

公司干部，必须是充分理解公司的思维方式，从内心与公司的哲学产生共鸣的人。"那样的哲学同我的想法不合，我无法接受"，如果有这样的干部，公司的力量就无法凝聚起来。

○

以善恶判断事物。"作为人，何谓善，何谓恶"，要用这一基准对事情做出判断，决不能用得失损益进行判断。

○

企业是一个集团，为了实现高目标，大家在工作中必须配合协作，不管个人是否喜欢，全体人员都需要拥有共同的思维方式，需要理解并赞同这样的思维方式，这是做好工作、实现企业目标的前提。

○

与企业精英讲什么"要正直，不要骗人，不能撒谎"，似乎太幼稚太愚蠢了，他们会一笑了之。然而，这么简单幼稚的道理他们却不能实行，这就是导致企业崩溃的根本原因。这么单纯的哲学，企业的干部们却没有将它变成日常生活中的规范、规则和必须遵守的事项，这就导致了企业的崩溃。

○

想把企业办成世界第一。为了达到这个目的，就需要严肃克己、极度认真的经营姿态。因为瞄准的目标不同，应该持有的思维方式以及具体方法，也就是哲学，当然也不同。

○

就像人具备人格一样，企业有企业的品格。我认为，为了赋予企业优秀的品格，企业经营无论如何都需要优秀的哲学。

○

"治人"有两种方法：一种是欧美常见的方法，就是用强大的权力来压制人，统治人，这种办法在东亚称为霸权主义，或称"霸道"；另一种方法，就是亚洲特别是以中国为中心所倡导的"德治"的方法，就是用仁义来统治的方法，这种"德治"的方法叫作"王道"。

○

要用人格、人的德行赢得对方的信任和尊敬，必须用这种方法治人。既不受信任、又不受尊敬，这样的人在异国他乡治人管人，当然不可能成功。同时，缺乏对企业领导人的信任和尊敬，员工对企业就无忠诚可言，要做到不管领导人是否在场，都能一如既往、拼命工作，当然也不可能。

○

要赢得外国人的尊敬，必须具有特别优秀的人格，就是具备做人的"德"行。这个"德"字超越国界，普遍适用。不能"以德治人"，那么在海外企业的运行就无法成功。

○

将哲学融入自己的血肉，付诸实践，虽然极为困难，但理解"作为人，就应该这样去生活"，力求接近这种理想的生活状态，并为此而拼命努力的人，与不作这样的思考、漫不经心地生活的人之间，人生和工作的结果可能迥然不同。换言之，对于哲学，不是能不能领会的问题，而是力求领悟，随时反思反省，不断努力去领悟，去体验，这才是最重要的。

○

必须天天反省自己，拼命努力去实践正确的为人之道，通过这种努力，就可以一点一点地磨炼自己的灵魂，提升自己的人格。这一条对实践哲学是最为重要的。

○

人的人格既不是与生俱来的，也不是永远不变的。人格会随着时间的推移而变化。

○

有的人生来人格就好，有的人则坏。但即使生来就具备优秀人格的人，终其一生，要始终保持其优秀的人格，也极为困难。

○

既然"人格"是变化的，那么选拔领导人的基准，就不能仅用"当时"这一时点上他的人格如何，做出判断。所以，我们在选择领导人时必须同时考虑"怎样才能提升人格""怎样才能维持高尚的人格"。

哲学才是经营的源泉

盛和塾（福岛）开塾仪式上的讲话

——2011年6月2日

东日本大地震后三个月，2011年6月2日盛和塾（福岛）的开塾仪式按原计划如期举行。

当时，福岛核辐射事故的影响还很大，风声鹤唳。在这种状况下，稻盛访问了郡山市，面对正在与前所未有的困难搏斗的福岛的塾生，稻盛以日航重建为例，阐述了在企业经营中哲学的必要性，以及哲学所具备的强大力量。

向与大灾大难搏斗的福岛的塾生致辞

各位塾生大家好！刚才在盛和塾（福岛）开塾仪式上，塾生们都做了自我介绍。仅是听大家讲话，我就感觉到了一种精神，尽管灾后的混乱还在持续，但是朝着复兴拼命奋斗的精神我感觉到了。特别是，在如此严酷的环境中，怎么做才能使自己公司的员工幸福，使自己的家族幸福，各位都在认真思考。情况确实异常艰苦，我希望大家务必努力奋斗。

在今天这个特殊的开塾仪式上，应该讲什么好呢？我感到困惑。我想，在当前混乱的形势下，最重要的事情，就是再一次思考有关哲学的问题。大家在学习哲学的同时，将哲学与全体员工共有，这是企业经营中最重要的事情。

特别是哲学共有，意味着全体员工与经营者心心相印，持有相同的思维方式，所以这是企业经营中最重要的事情，在当前的情况下，也是灾后重建最根本的原动力。

从地震发生起已经过去了近三个月，但现在灾区还是一片瓦砾。在福岛第一核电站，为了让核反应炉稳定下来，危险的作业还在继续。另外，据报道，一直到现在，无家可归、过着避难生活的人超过 10 万人。还有，一些无端的谣言风传，让福岛的民众受害不浅。

福岛盛和塾在这种异常严酷的形势中开塾了。我想，可以把开塾看作一个机会。全国盛和塾的心灵之友们，给予在空前困难中拼命奋斗的福岛塾生们热情的、温暖的鼓励。这是大家共有克服灾难巨大勇气的机会。

经营的真谛就是把哲学做到极致

下面，有关哲学的必要性，以及哲学所具有的伟大力量，我以"哲学才是经营的源泉"为题进行阐述。

这次入塾的福岛的塾生，每个人都想把自己的企业经营得更好，都想知道把企业做好的方法，所以大家才加入了盛和塾。

那么，要把企业经营得有声有色，具体该怎么做才好呢？我想，方法各种各样，千差万别。世上有关经营的书籍汗牛充栋，还有许多经营顾问在活动。另外，在大学里，教授经营的老师们接二连三地提出新的经营理论。

　　许多经营者想要依靠这些有关经营的书籍，依靠这些经营顾问，依靠这些经营理论。但是，无论依靠哪一种，参考哪一个，自己企业的经营却依然难如人意。为此，究竟应该怎样经营企业才是对的？许多经营者感到迷惑困顿，束手无策。

　　但是不必绝望。经营的真谛就是把哲学做到极致。也就是说，在企业内确立经营哲学，不但经营者自己，而且与全体员工共同拥有、共同实践这种哲学。我坚信，只要做到这一点，企业就一定能够持续成长发展。我自己经营京瓷和KDDI的经验已经证明了这一点，而且在我正在进行的日航重建中，也切切实实地感觉到了这种哲学的正确有效。后面，我会以日航重建为例，来说明在企业经营中哲学有多么重要。

在逆境中找到的"哲学"

　　首先，所谓"哲学"是什么呢？我的经营哲学（即"philosophy"）在京瓷创业不久后产生，现在已经成了企业成长发展的基石。我想讲一讲这个哲学诞生的经过。

　　我 27 岁时，在几位友人的援助下，创建了京瓷。公司开始时是生产电视机显像管电子枪中用的绝缘零件，这个产品是我大学毕业后，在我初次就职的松风工业这家瓷瓶制造企业里，由我开发的陶瓷新材料制造的产品。

　　在松风工业，虽然我刚大学毕业，还很年轻，但很快我就承担了从产品研发到生产、销售的一系列工作。也就是说，不仅仅是研究新材料，而且从使用这种材料开发产品，到制定生产工艺、设计生产设备，从日常的生产活动到与客户打交道的销售活动，有关这个产品的几乎全部工作都由我来负责。

　　但是就公司经营而言，我没有任何经验和知识。援助我的几位朋友出了 300 万日元的资本金，又向银行借贷 1000 万日元，帮助我创建了京瓷。但是，作为经营者，当时我的心中充满了不安，企业在不安中扬帆起航。

　　"为了经营好企业，究竟应该怎么做呢？"我每天都在认真思考。在不断思考的过程中，我构建了我的经营哲学的原形，现在被称为"philosophy"。

　　其实，"思考事物应有的理想状态"这种习惯，我从松风工业时期就开始了。

松风工业第二次世界大战后连续亏本，到发工资时连工资发不出，而是说一声"请再等"，常常要拖延一两个星期，奖金就更谈不上了。企业与工会总是纷争不断，公司内红旗招展，一年到头罢工不停，情况非常糟糕。

我想离开这个公司却不能如愿，公司分配给我的工作是开发新型陶瓷材料，我不得不投入这项研究。工资待遇低，缺乏像样的研究设备，环境恶劣。在这种情况下，要想做出出色的研究成果，该抱一种什么心态投入工作？这个问题，我每天都在思考，烦恼不已。

现在福岛各位的处境可能也是这样。身处恶劣的环境中，连生活费都成问题，该怎么办呢？大家痛苦烦恼，我想这种境况同我当时的境遇大同小异。

从那时起，"为了做好工作，必须有这样的思维方式，必须抱这样的心态"。每当我有所感悟时，我就把自己的想法记在研究实验用的笔记本上。

后来，当我开始经营京瓷公司的时候，我常常把记录了我工作要诀的笔记本拿出来，再添加上在经营企业中新的体悟，将这些要点重新整理，就成了我创建的"哲学"。在极其恶劣的环境中，要想辞职也无处可去，我只好投入研发。在逆境中做事，要出研究成果，要把企业办好，究竟该怎么做，我思考，我烦恼。每有感悟，我就记在笔记本上，这就是我下面要讲的哲学的原形。

我自己在从事经营，但我却不懂经营，因此，"不安烦恼，烦恼不安，不知如何是好，究竟怎么做，经营才能顺畅"烦恼之余，终于找到的经营的思维方式以及经营的方法，归纳起来就是我的哲学。

在这个哲学中，例如"以心为本的经营""统一方向、形成合力""遵循原理原则""认认真真过好每一天""在相扑台的中央发力"等，有许许多多的条目，所有这些，都是在不断的工作和研究中、在经营中、在痛苦呻吟中感悟出来的，是货真价实的实践性经营哲学。

只具备平凡能力的人，怎样才能做出不平凡的事

在这些哲学的条目中，为了综合性地说明我的哲学，我经常采用的一条就是表达我的人生观和工作观的一个"方程式"，叫作"人生·事业结果的方程式"。

这就是"人生·事业的结果＝思维方式×热情×能力"。人生的结果，还有事业的结果，由这个人所持有的思维方式（即哲学），以及这个人所具有的热情和他具备的能力，这三者乘积的值来表达。

长期以来我就是按照这个方程式办事的，也只有这个方程式才能说明我自己的人生和京瓷公司的发展。

我出生在一个并不富裕的家庭，初中和大学的升学考试以及后来的就职考试屡遭失败。那么，经历过许多挫折，只具备与普通人相同"能力"的人，要做出比普通人更大的成绩，该怎么做才好呢？我反复思考得出的结论，就是这个方程式。

表达人生结果或事业成果的这个方程式有三个要素："思维方式""热情"和"能力"。在这三要素中，"能力"大部分是先天的，比如从父母那里得来的智商、运动神经或健康等。

可以称为天赋的这个"能力"如果要用分数表示的话，因为有个人差异，可以用 0～100 打分。

这个"能力"要乘上"热情"。所谓"热情"也可换称为"努力"。关于这个要素，从缺乏干劲、没有霸气、没有朝气的人，到对工作和人生充满燃烧般热情、拼命努力的人，同样有个人差异。在"热情"这个要素上，如果给有气无力的人打 0 分，那么具备燃烧的斗魂、付出不亚于任何人的努力的人可以打 100 分。

不过，"热情"与"能力"不同，它不是先天的，而是由自己的意志决定的。因此，我认识到，首先"能力"是天赋之才，自己很难有大的改变，但是"热情"却是可以由自己的意志来改变的。所以，要最大限度地发挥"热情"，自京瓷创业一直到现在，我持续付出不亚于任何人的努力。

无止境的努力带来成功

"付出不亚于任何人"的工作劲头是最重要的。许多人都说自己也很努力，但是在商业世界里，竞争对手比自己更努力的话，你就会输。

普通的努力没有价值，只有付出不亚于任何人的努力，才能在严酷的竞争中取胜。而且这种努力不是瞬间的爆发力，不是一时的努力，而是无止境的努力。要持续无止境的努力，就需要相应的忍耐力。我自己就是这样，尽管周围的人不断告诫："此人到时一定会累趴下。"但自从创业以来，我一直是昼夜不分，全身心投入工作。

如果用马拉松做比喻，就好比用短跑的速度全力以赴跑完 42.195 公里的马拉松。"那怎么可能？"当人们这么想的时候，京瓷正在全速奔跑，从创业开始一直跑到今天。于是，在陶瓷领域内，尽管我们是最晚参与，但过了不久，行业内历史长久的先行企业进入了我们视野；接着，我们一口气超越了它们，现在京瓷已经成长发展为精密陶瓷行业全世界首屈一指的企业。我认为，这就是"热情"，即努力带来的成果。

实际上，在刚开始经营京瓷的时候，我就认为，在人生这一长距离的马拉松比赛中决胜负，一开始就要用百米赛的速度，也就是全速奔跑。而且，我就这么一路跑来。员工以及我的家人都提醒我，那么拼命奔跑，身体肯定吃不消，大概连一个月也坚持不了。何况企业经营要花费毕生的精力，那么一味蛮干，体力怎么承受得了。大家都为我担心。但是，一流的马拉松选手可以按惯常的马拉松速度奔跑，但我们却必须用百米赛的速度。作为外行，我们想跑 42.195 公里，如果不拼命加速，那么我们离开一流选手的距离一定会越来越远。

所以，即使中途倒下也在所不惜，无论如何一定要以一流马拉松选手那样的速度奔跑。我激励员工，与我共同努力。没有希望取胜的比赛干脆不要参加。我不断诉说。不可思议的是，我们拼命奔跑的速度出乎意料得快。先行陶瓷厂家进入了我们的视野，而且不知不觉一口气就超越了它们，把它们甩在了后面，我们自己也吃了一惊。

思维方式是负数，结果也会是负数

下面再回到刚才讲的方程式，我们用分数来表示"能力"和"热情"。例如，一位身体健康、头脑聪明的人，他的"能力"可打 90 分。这位"能力"得 90 分的聪明人毕业于名牌大学，如果他过分相信自己的能力，骄傲起来，放松懈怠，那么他的热情只有 30 分。90 分的能力乘上 30 分的热情，乘积只有 2700 分。

另一个人认为，"自己的能力只比平均数稍高一点，60 分左右。但是，正因为缺乏出众的才能，所以他必须加倍努力，加油再加油"！他自己激励自己，燃起热情，拼命努力。那么这个人的"热情"可以打 90 分。于是，60 分的能力乘上 90 分的热情，得 5400 分。与前面那位能力很强但不肯努力的人的得分 2700 相比，整整高出了一倍。

即使只具备平凡的"能力"，但只要持续不懈地努力，就能弥补自己能力的不足，取得比能力强的人加倍的成果，这绝非不可能。

然而，这个方程式最重要的是，在"能力"和"热情"的乘积上还要乘上"思维方式"。另外，前面讲到，"能力"和"热情"的幅度是 0～100。而这个"思维方式"从坏的思维方式到好的思维方式，可从 −100～+100 打分，振幅大了一倍。

例如，不厌劳苦、与人为善、认真生活的人，他的"思维方式"是正值。但是，妒忌别人、憎恨社会、否定真挚的人生态度，这样的"思维方式"就是负值。

因为是乘法，"思维方式"是正值的话，人生·事业的结果就是一个更大的正值。相反，持有哪怕是很小的负面的"思维方式"，方程式的结果一下子就变成了负值。这时，"能力"越强，"热情"越高，人生和工作的负值就越大，就会留下一个悲惨的结果。

用前面的例子来讲，那位有 60 分"能力"和 90 分

"热情"的人，如果具有做人正确的"思维方式"，并达到 90 分，那么，60×90×90＝486 000 分，分值非常之高。

相反，"能力"和"热情"的分数相同，但是只要具有哪怕是些许的否定的"思维方式"，也就是思维方式是负分的话，例如他的思维方式只是 −1 分，方程式的结果就一转而成 −5400 分。如果他的思维方式是反社会的、很坏很恶的，是 −90 分，那么最终的结果为 −486 000 分，在他的人生和工作中就会招致极其悲惨的结果。

就在不久之前，有一位日本赤军的成员因为心脏病死在监狱中，时年正好 60 岁。此人年轻时抱有强烈的正义感，当时日本政治混乱，他试图变革，充满激情。就是说，他具备很强的能力和很高的热情，但是他认为，为了改革现状一定要采取暴力革命的手段，从这一负面的思维方式出发，他在孟加拉国首都达卡劫持了日航的飞机。虽然他的学历只有高中毕业，却有高涨的热情和杰出的能力，只因思维方式错乱，在晚年被判无期徒刑，一直待在监狱里，不久前默默死去。听到他这个结局，我再次感到，思维方式有多么重要，这个人生方程式可以很好地说明这一点。

实际上，能力出众、热情洋溢，创立企业，让企业发展壮大，从而获得巨额财富，因而目中无人，我行我素，最后受到社会的批判和指责，在公众舞台上黯然消失。这样的人哪个时代都有，原因就在于他们的"思维方式"不对。

那么应该具有什么样的"思维方式"才好呢？我想列举一下我认为的正面的"思维方式"：总是积极向上；有建设性，有协调性，善于与人共事；性格开朗；对事物持肯定态度；心中充满善意，有同情心，有关爱心；认真、正直、谦虚、勤奋；不自私，无贪欲；懂得知足，常怀感谢之心，等等。正面的思维方式，用一句话讲就是想好事做好事。

另一方面，负面的思维方式有哪些呢？正好与上述正面的思维方式相反，坏的思维方式，就是想坏事干坏事。同样，列举如下：态度消极、否定、缺乏协调性；阴郁、充满恶意、心术不正、想陷害他人；不认真、爱撒谎、傲慢、懒惰；自私、贪心、爱发牢骚；憎恨别人、妒忌别人。

当然，除了这些之外，我想还可以举出很多。自己的思维方式究竟是正面的还是负面的，是善的还是恶的，通过每天反省，有意识地向正面的方向，即向善的方向改进。这样就可以让"人生·事业结果的方程式"的结果变得最大。

把我今天给大家讲的这个哲学，也就是经营哲学和人生哲学，在自己心中确立起来，用它来指导工作和生活，这就是正面的、善的思维方式。我刚才列举的各个条目，在哲学里全都包括。从这个意义上讲，在人生方程式中我最看重的"思维方式"同哲学是一回事。

就是说，学习我所讲的哲学，把它变成自己的东西，用在自己的人生中实践。同时，向员工说明，让他们也拥有与自己相同的、好的思维方式。只要这样做，公司一定能顺利发展。

听讲者赠我即兴诗

我认为，人生·事业的结果可以用方程式表达，同时这个方程式中的思维方式就是哲学。我经常去海外，在各种场合介绍这个方程式，有机会就向听众作解释。其中的一次我记得特别清楚。

1999年10月，我访问了美国纽约州阿尔弗雷德大学。该大学有一个名为"约翰·弗朗西斯·麦克曼演讲会"的组织，这个冠名是为了纪念曾在此任教的麦克曼先生。该大学要求我在这个演讲会上作讲演，时间是一个半小时。

被选为讲师是莫大的光荣，而且该大学曾经授予我名誉博士的称号，因此我欣然接受邀请。来听我演讲的，除了众多的学生之外，还有许多当地的社会名流和其他大学的老师。其中，还有阿尔弗雷德大学陶瓷工程学·材料科学学部的部长罗纳德·戈登教授和他的夫人。这夫妇俩热情接待我们，特地到机场来迎接，还把我们送到宾馆。

在演讲中，我使用幻灯片和产品样本，讲述了从京瓷创业以来陶瓷产品开发的过程。同时，关于"技术人员应该以什么心态投入工作"这个问题，我结合刚才的"人生·事业结果的方程式"，做了解释。

当晚，为了答谢我的讲演，举办了晚宴。上文中提到的戈登夫人对我说："您今天的讲话让我深受启发，为了表达这种心情，我写了首诗，想赠予您。"她的座位离我很远，特地走到我身旁，把诗送给我。

拜读了一下，确实是好诗。我对她说："谢谢您的诗，我很喜欢。但是我提议，因为这是您的大作，希望您在今天的晚会上，在大家面前朗诵这首诗。"她朗诵以后，参加晚会的人都非常感动。她把这首诗的题目命名为"方程式"。

方程式

此刻，我的心弦被拨动，
被你充满睿智的思想语言。
那是成功路上闪耀的明灯，
一个美妙的方程式。

倾注无限热情，
再将能力乘上，
还要乘上正向的思维方式，
数值越大越好。

三者相乘之积，
需要坚强牢固，
就须将爱注入，
越多越好。

经历种种考验，
在人生的热炉中，
新的发明源源不断，
因为应用了您的方程式。

不可不知，不知不可，
人人都在照此方程式，
走着自己的人生之路，
真实不虚，毋庸置疑。

你归纳出如此卓越的人生观，
受益者之多，
何止数百万。

我懂您，理解您。
若问为何，
因为我亲眼目睹了您的容颜，
因为我亲耳聆听了您的话语。
我相信您，信任您。

乔安·戈登

受到我的"人生方程式"的触动，她用优美的即兴诗，充分表达了"哲学"具有的力量。真是太好了。

哲学带来了日航意识改革的成功

为了让大家更深刻地理解这个"哲学"具有多么了不起的力量，下面我就讲一讲我在日航重建中的切身体验。

众所周知，我在近80岁时接受日本政府的邀请，出任宣布破产的日航的会长，从去年（2010年）开始，承担日航重建的任务。

迄今为止，我创建了京瓷和KDDI这两家不同行业的公司，两家公司合计销售额近5万亿日元。虽然我具备促使这两家企业成长发展的经验，但对于航空运输业，我完全是一个门外汉。

无论同谁商量，没有一个人赞成我去日航。"已经这么一大把年纪了，还是不去为好。"几乎所有的人都这么劝我。

但是，日本政府强烈要求我重建日航。如果拯救日航获得成功，就可以为低迷的日本经济注入动力。相反，如果日航二次破产，就会给日本经济带来重大的打击。

另外，为了重建日航，虽然不得不解雇一部分员工，但无论如何也要保住留任员工的工作岗位。这样一种侠义之心在我胸中升起，尽管不自量力，我还是接受了日航重建的任务，于2010年2月就任日航会长。

刚才讲到，航空运输事业方面的经验和知识我一无所有，当然也没有胜算。我所能带到日航的只有"哲学"和"阿米巴经营"。也就是说，我创建的京瓷这个企业的原点，就是"经营哲学"和"经营管理体制"，我决心带着这两件武器，与京瓷集团的两位干部一起去重建日航。

但是，要把"阿米巴经营"有效地导入日航的经营管理系统中，需要准备的时间，所以最初着手的是改革日航干部和员工的思想意识。换言之，就是要把"哲学"移植到日航这个企业中去。

2010年6月，我们把日航的经营干部召集起来，我亲自就"经营十二条"连续授课。另外，通过观看我以前讲话的DVD等，把我平时倡导的"哲学"，也就是我跟大家讲的思维方式，让日航干部集中学习。他们甚至一起住在宾馆，集体讨论直到深夜。

这种以经营干部为对象的研修会，在集中实施的过程中，当初对我的经营哲学抱有抵触情绪的日航干部，随着学习次数的增加，逐步加深了对"哲学"的理解。

很多干部都觉悟到："作为人、作为领导人、作为经营者，究竟何谓正确，这样的教诲如果我们早一点明白，日航也不至于破产，我们自己的人生也肯定大不一样。因此，我们不仅要把这些宝贵的教诲变成自己的东西，而且一定要传达给部下。"

在向日航干部层面渗透哲学的同时，为了向下扩大影响，也开展了对于一般员工的教育活动。我知道，如果在工作第一线与客人直接接触的员工意识不改变的话，公司还是搞不好。因此，我亲自来到各个工作现场，直接与员工交谈。

在机场值机柜台受理业务的员工，在飞机上为客人提供服务的乘务员，驾驶飞机、保证安全飞行的机长、副机长，还有维护保养飞机的工程师，我到现场直接给他们讲解，必须具备什么样的思维方式，必须怎样做好工作，努力改变他们的思想意识。

航空运输事业拥有价格昂贵的飞机和有关设备，在这种条件下开展经营，一般都认为这是一个巨大的装置型产业。这虽然是事实，但另一方面我认为，航空运输事业归根到底是"服务产业"。

例如，客人来到机场，受理的值机柜台人员如何应对；上飞机后，空乘人员如何接待；机长在机内如何广播。我认为，在这些方面才能体现出航空公司的真正价值。

在日航工作的员工，对于前来搭乘飞机的客人，从内心应抱有感谢之情，并且把这种感情和喜悦用语言和态度在客人面前表示出来。对于航空运输事业来说，这才是最重要的。

我认为，这种态度不仅限于航空运输业，在零售业也好，批发业也好，制造业也好，对客人由衷感谢，把这种喜悦用语言和态度表达出来，这才是企业经营的原点。我把这种想法对值机柜台的员工、乘务员、机长以及维修人员等现场员工诉说：

"你们在接客中的每一个举动、每一句话，都会影响到搭乘日航飞机的客人的情绪。客人是不是喜欢日航，就是由各位的接客态度和语言措辞来决定的。进一步讲，我要求大家掌握"哲学"，也就是'作为人，何谓正确'的思维方式。

"不管干部们怎么努力，但是，只有直接为客人服务的员工的行为，才能决定人们对航空运输事业的评价。现场的各位员工左右着航空运输事业的盛衰，所以你们一定要用心服务，务必让搭乘日航的客人愿意再次搭乘日航。一定要营造这样的企业氛围。"

这些话我总是利用各种机会，殷切地向员工诉说。

其实，我在去日航任职前，很不喜欢日航。也许因为是"日本的翅膀"这种自负心作怪，傲慢无礼、自以为是，只讲自尊、目中无人，不把客人当回事，这种情形经常出现。

因此，过去曾经搭乘过日航班机的客人中，因为感觉不爽，后来选择其他航空公司的情况年年增加。我自己也有过这种体验，很讨厌日航，我直言不讳，把这个意见直接告诉了日航的员工。

就是这么一个骄傲自大的公司、职场、员工，这样的日航通过学习"哲学"，在谋求意识改革的过程中逐渐发生了变化。

在现场一线默默无闻工作的员工理解了我讲的道理，于是在各自的岗位上拼命努力。同时，热爱日航，希望客人喜欢日航，他们从这种纯粹的愿望出发，殷勤地诚恳地待人接物。

哲学点燃了员工内心的火种，
唤来了客人感动的声音

最近，我收到了来自客人的表扬信。大桥力先生是

我的朋友，他是脑神经领域著名的学者，同时还是"艺术山城组"的创始人。他给我寄来一封热情洋溢的信：

2010 年 3 月 22 日，我和我的三名助手，一个四人专题小组去不丹参加一个传统的佛教仪式，调查这个仪式的参加者基于脑机能活性化的效果"。我们途经泰国的曼谷到不丹的帕罗。这次我们乘坐的是成田至曼谷的日航 717 航班。让我把这一天充满惊喜的体验报告如下：

首先是办理搭乘手续。在那一刻，我误以为到了别的航空公司的值机柜台，服务员的态度与以前完全不同。当时，我们四人中只有我一个超高龄老人是公务舱，其他三人都是经济舱。但是，从柜台走出来的工作人员把我们四个人一齐领到公务舱柜台前，在饱含心意的、亲切而细致的接待中，顺利地办完了登机手续。

说到过去日航的值机柜台，特别是头等舱和公务舱，工作人员的自大和冷漠简直令人生厌。尽管他们的值机台前空无一人，经济舱的客人在旁边排着长队，他们却无动于衷，只知道一味地把客人赶向经济舱值机台。今非昔比，日航发生了令人难以置信的变化。

在我们抱着满意的心情登上飞机后，意外的、愉悦的体验接二连三而来。从落座、饮料服务到乘务长的广播通知，乃至起飞后机长的提示讲话，那种真情实意，那样的尽心尽力，不是靠强制性的操作规程，而是出于每一位员工自发的行为。我深切地感觉到了这一点。

看乘务员们的言行举止，过去的那种傲慢和做作已不见踪影，用语言难以形容的纯真所散发出的魅力，让我觉得眼前出现了奇迹。稻盛先生改造人、感化人的伟大力量，我自以为已经非常了解，但是这一次可是非同寻常。日航是一个现存的大企业，稻盛先生临危受命，在那么短的期间内，让日航发生了如此翻天覆地的变化，不能不让人惊叹。

最后加分的是飞机餐。我选的是日式饭菜，食料和菜单一目了然，便于判断，量的平衡也恰到好处，但是相比这些，我印象特别深刻的还是饭菜的质量。那味儿的正宗，让人想不到这会是飞机餐。这是前所未有的体验。我想，这一定是餐饮负责人找到了优秀的厨师，培育了互相信任的人际关系，是大家反复研究、精心制作的产物。

我也算是一个艺术家，我深知，作曲家和厨师这类人，他们用心不用心，其工作结果往往有天壤之别。而且除本人之外，其中奥秘无人知晓。我认为，我品尝到的飞机餐的成功，只是一种结果，原因是餐饮负责人的诚意着实感动了厨师的心。

这次我们体验到的是舒适愉快的旅行，从客舱服务到飞机餐，一切都无可挑剔，这是日航恢复生机的证据。连我这个讲究美食、爱挑刺儿的人也得脱帽致敬。另外不能忘记的一点，就是波音777的客舱干净整洁，让人感觉舒畅。

我常去巴厘岛以及亚洲各国旅行，主要乘坐该地区从机型到服务都最佳的国泰航空的班机，但这次日航717航班的服务和舒适性已大大超过国泰航空。何止于此，当今世界任何一家一流航空公司都无法与日航717航班相媲美。我相信，日航的服务水平已经是世界第一了。

我衷心希望，日航的员工们一定要把正在进行中的日航改革不断推进，不断取得成功，立志攀登世界最高峰，满怀信心，毫不动摇地沿着稻盛指引的路线向前迈进。

大桥力先生说出了他的肺腑之言。

再说到不久前发生的东日本大地震。每一位日航的员工都回归到航空运输事业的原点，为客人服务，工作非常出色，因而获得了来自许多乘客由衷的感谢。

例如，为长时间封闭在飞机内的乘客提供热气腾腾饭团的乘务员；看到候机室客人精神倦怠、用自己的钱买来巧克力宽慰客人的莫斯科分公司的员工；为奔赴灾区的日本红十字会救护人员播放温馨慰问的话语、在飞机内卷起感动旋涡的机长。

还有一位乘务员在保管从伊丹机场奔赴灾区的救护人员行李上，特地附上了慰劳和鼓励的便条。客人感动之余还特地寄来了感谢信。因为座位上方的行李柜装不下，请乘务员保管，救护人员在下机拿行李时发现了便条。请允许我把便条上写的内容转述如下：

今天承蒙搭乘日航班机，衷心感谢您。一大早就起来工作，辛苦了。我知道你们在灾区的作业十分艰难，请你们一定要多加小心。我们日航全体同仁祈愿灾区早日复兴。

这位乘客把只有四岁的小孩留在家里，被派往灾区也不知道自己能做些什么，正在忐忑不安时，这张便条上温暖的鼓励给了他力量。

像这样，受到日航员工温馨的接待，很多乘客都寄来了热情洋溢的感谢信。最后，我再介绍一个事例。

　　住在灾区福岛的一位母亲要去位于关西的子女处避难，在飞往神户的班机上偶然遇到一位不当班的日航客舱乘务员。下面是她子女给这位乘务员写来的感谢信：

　　公共设施瘫痪，只能从河中取水，余震不断，以及核泄漏带来的恐惧，我们担心母亲在福岛无法安寝，特地招呼她来我们所住的关西。但是，早上本该由茨城机场起飞的某公司的航班却以核辐射为由，突然停飞。这时候，把没有了回家的交通工具、手足无措的将近70岁的母亲安全送回关西的，就是贵公司的客舱乘务员某小姐。某小姐正好在从福岛回老家神户的归途中，因为停电，火车停开，在混乱中，某小姐随机应变，从茨城机场→筑波→成田机场→伊丹机场，把我母亲安全送达。

　　在中途换乘时，她每个关头都向我们子女报告，或者宽慰情绪紧张的母亲，或者耐心听我母亲的唠叨。在混乱的巴士车站，有人不排队挤公交，她还毅然制止，母亲很钦佩她的勇气。

　　为了向她表示感谢，我们想要她的地址。她却说："我并没做什么，同你母亲在一起，我也过得很愉快。这种事不过是轮上了我，我也会有需要人帮助的时候。"

对于把乘客的安全作为日常训练内容的某小姐来说，或许这不过是平常的行为。但是，顾及高龄母亲的健康，为了不让母亲体温下降而让她多喝水，稳定她的情绪，甚至怕我们家人担心，不忘时时同我们联系。这一系列的行动，扪心自问，要是我的话，是做不到的。

另外，我长期在企业工作，我自己培养的部下或后辈在遇事时能不能像她那样行动，也要打个问号。回顾过去我做过的教育，我并无这样的自信。想到这里，某小姐固然优秀，而她的前辈和上司也很了不起，对他们卓有成效的教育管理我深表敬意。

在这样的困难时期，可以想象你们的工作是非常非常辛苦的。这次与某小姐的邂逅，让我极为感动，作为客人我们将尽力援助贵公司。希望有机会再次接触到像某小姐这样温馨的服务。如果此信能传递到某小姐，我将十分荣幸。

像这样给日航员工的感谢信很多很多，读这样的信，我自己也会沉浸在深深的感动之中。唤起感动的日航员工行动的源泉就是"哲学"，正是"哲学"点燃了日航员工的心中之火，改变了他们的行为，引发了客人的感动。

员工意识和公司业绩联动

既没有经验，又没有知识，也没有胜算，我参与日航重建可以说是赤手空拳。我带去的只有"哲学"和"阿米巴经营"两件武器。

我把这个哲学的部分内容给日航员工讲解，让他们理解。仅仅这么做了，员工的意识就发生了戏剧性的变化，他们的行动变得积极主动，而且随着员工意识的改革，企业的业绩也飞速提升。

2011 年 3 月末，尽管是破产后的第一年，日航的决算数字是：销售额 13 622 亿日元，利润是 1884 亿日元。这个利润是日航过去最高的数字。

员工意识向好的方向转变，公司的业绩自然就会提升。日航的重建有力地证明了"提高心性、拓展经营"这一盛和塾的信条，这是我一贯倡导的理念。而改变员工意识的就是"哲学"，只有"哲学"才是经营的源泉。

经营者自己要努力理解哲学，掌握哲学，并且天天实践，这是很重要的。与此同时，让全体员工都理解哲学并在工作现场实践，这在企业经营中比什么工作都重要。

这件事做好了，公司的经营就能顺畅。但是我认为，为了让企业经营坚如磐石，还需要导入"阿米巴经营"，构建企业的管理会计系统。

所谓经营，就是要充分掌握每天的销售、经费等经营上的数字，在此基础上，做出正确的判断，这很重要。只有充分理解自己的公司现在处于何种状态，才能采取适当的措施，把握好经营之舵。

如果自己不懂会计，可以请教会计师。对于自己公司的经营实态，要分月度，最好是每一天经营数字都能看清楚。必须以这样的数字为基础来经营企业。

在日航，从今年（2011年）开始，正式开发并导入管理会计系统，即"阿米巴经营"，这样就可以即时掌握作为航空事业收益源泉的分航线的核算情况。

今天也是从早上9点开始，在我来这里之前，昨天花了一整天时间开会，由日航各部门的负责人发表他们各部门的实绩，由我提问质疑，如有不当之处，我就会指出"这地方不对，应该这么改正"。

包括间接部门的人员在内，过去对经营数字漠不关心的干部们都开始认真关注业绩数字，并展开讨论。

现阶段有的人还不太熟练，数字也有含糊的地方，但今后每个月都要报告，到今年秋季，我想他们就能够作为一流的经营者，很好地理解数字，把握好经营之舵。

现在受到东日本大地震的影响，乘客大幅度减少。但是，正是在这种严酷考验的关头，通过"导入阿米巴经营"，进一步改进了日航的经营管理。即使在逆风之中，也要实现日航在东京证券交易所的再次上市计划。为此，今年我还要继续努力，鞭策这把老骨头。

但是，我不可能久留日航，在有限的时间内，尽快培养年轻人的同时，努力把日航经营好。

眼看重建有了眉目，今年的业绩有望再创历史新高时，2011 年 3 月 11 日，东日本大地震发生了。

自然和神灵给予我们人类这种或那种超越想象的严峻考验，但是忍住这种考验，拼命努力，渡过危机，我们就能获得比过去更大的发展。我相信，屡经艰难困苦的考验，克服它、超越它，人就会成长。

我期望，刚刚成立的新塾——福岛盛和塾以及各地盛和塾的塾生一定要在你们的企业里确立"哲学"，并努力与员工共同拥有这个"哲学"。再进一步，如能切实构建"阿米巴经营"这一管理会计系统，那么你们的经营就会坚如磐石，哪怕遇到考验，企业依然能够成长发展，并能够保持长期繁荣。

今天，我以"哲学才是经营的源泉"为题，讲到了在企业经营中哲学的必要性，讲到了哲学具体是什么，讲到了哲学具有的强大力量。

我们企业经营者把企业经营好就是对灾后复兴最大的推动。我祈愿福岛以及这次东日本大地震其他受灾地区早日复兴。让我们一起鼓足勇气，燃起斗魂，把经营做得更加出色。

我祈愿聚集在此的盛和塾的塾生发奋经营，在让员工物质和精神两方面更加幸福的同时，为社会的进步发展做出更大的贡献。

要　点

经营的真谛就是把哲学做到极致。也就是说，在企业内确立经营哲学，不但经营者自己，而且与全体员工共同拥有、共同实践这种哲学。只要做到这一点，企业就一定能够持续成长发展。

○

"人生·事业的结果＝思维方式×热情×能力"。人生的结果，还有事业的结果，由这个人所持有的思维方式（即哲学），以及这个人持有的热情和他具有的能力，这三者乘积的值来表达。

○

在"思维方式""热情"和"能力"这三要素中，"能力"大部分是先天的，比如从父母那里得来的智商、运动神经或健康等。但是，"热情"与"能力"不同，它不是先天的，而是由自己的意志决定的。"能力"是天赋之才，自己很难改变，但是"热情"却是可以由自己的意志来改变的。所以，要努力把"热情"最大限度地发挥出来。

○

"付出不亚于任何人"的工作劲头是最重要的。许多人都说自己也很努力，但是在商业世界里，竞争对手比自己更努力的话，你就会输。普通的努力没有价值。只有付出不亚于任何人的努力，才能在严酷的竞争中取胜。而且这种努力不是瞬间的爆发力，不是一时的努力，而是无止境的努力。要持续无止境的努力，就需要相应的忍耐力。

○

不厌劳苦、与人为善、认真生活的人，他的"思维方式"是正值。但是，妒忌别人、憎恨社会、否定真挚的人生态度，这样的"思维方式"就是负值。"思维方式"是正值的话，人生·事业的结果就是一个更大的正值。相反，持有哪怕是很小的负面的"思维方式"，方程式的结果一下子就变成了负值。这时，"能力"越强，"热情"越高，人生和事业的负值就越大，就会留下一个悲惨的结果。

○

我把这个哲学的部分内容给日航员工讲解，让他们理解。仅仅这么做了，员工的意识就发生了戏剧性的变化，他们的行动变得积极主动，而且随着员工意识的改革，企业的业绩也飞速提升。

○

员工意识向好的方向转变，公司的业绩自然就会提升。而改变员工意识的就是"哲学"，只有"哲学"才是经营的源泉。

○

自然和神灵给予我们人类这种或那种超越想象的严峻考验，但是忍住这种考验，拼命努力，渡过危机，我们就能获得比过去更大的发展。屡经艰难困苦的考验，克服它、超越它，人就会成长。

"阿米巴经营"带来企业持续发展

2011 稻盛和夫经营哲学（广州）报告会讲演

——2011 年 9 月 25 日

这次讲演是在 2011 年 9 月 25 日召开的"2011 稻盛和夫经营哲学（广州）报告会"上的讲话。报告会由"稻盛和夫（北京）管理顾问有限公司"主办，该公司的设立目的就是要在中国传播稻盛和夫的经营思想。

中国和日本的经营者约 1600 人参加了这次大会。大会的目的是：通过普及稻盛经营哲学为中国企业的进一步发展做出贡献。这样的报告会从 2010 年 6 月的北京报告会开始，同年 10 月在青岛召开，这次广州报告会是第三次。北京报告会的主题是"经营为什么需要哲学"，青岛报告会的主题是"经营十二条"。

在经营实践中产生的"阿米巴经营"

今天我的演讲围绕经营的实学展开，就是讲解"阿米巴经营"，这是我自己独创的一种管理会计体制。

在日本，常有人讲："中小企业如脓疱，长大就破。"

就是说，组织越是肥大，就越难以掌握企业的实态，越难以弄清企业损失浪费的情况，也就无法下手进行必要的经营改善。而且，还会在经营方向的决策上发生错误，因而使好不容易成长起来的企业陷入衰退。这样的例子层出不穷。

我想拿家庭经营的小食品店为例来说明，大家就容易理解。例如，有一家夫妻经营的小食品店，卖蔬菜、鲜鱼、精肉以及各种加工食品。在这种小店里，往往只进行笼统的核算，究竟哪种食品赚了多少，他们大多不太明白。

即使统算是赚钱的，但实际上可能只是精肉赚了，而蔬菜是亏的。如果明白这一点，就会对蔬菜的经营从根本上进行改进，同时扩大精肉的规模等，采取必要的措施改进经营，这样就能促进商店的健康发展。

从这个思路出发，在京瓷迅速成长、组织日益扩展时，为了消除损失浪费，更好地经营企业，我就想到要把组织细分，在每个小的细分组织中，对每月的销售额和经费的明细能够迅速而明确地把握。我致力于构建这样的管理体制，并努力付诸实施。

这就是我下面要讲的所谓"阿米巴经营"，它是我创立的一种独特的管理会计体制。

所谓管理会计，与把经营信息向有关利害方公开的财务会计、与为纳税而做的税务会计都不一样。管理会计是经营者为了掌握企业经营的实态，为了正确决策，为了进行业绩管理，而采用的一种会计手法。"阿米巴经营"是在经营实践中产生的，它是经营者为了更有效地经营企业而采用的管理会计体制。

"阿米巴经营"不只是京瓷和 KDDI 发展到今天这个规模的巨大原动力。从去年（2010 年）开始，我致力于代表日本国家的日航的破产重建，从今年（2011 年）春天开始，日航也导入"阿米巴经营"。3 月，日本发生了空前的大地震，导致旅客人数大幅下降。尽管如此，在随后的季度决算中，日航仍然确保了盈利。"阿米巴经营"在日航的经营改善中正在发挥巨大的作用。

同时，不仅是我所在的企业集团实施了"阿米巴经营"，而且许多企业要求引进"阿米巴经营"。为了帮助它们，我们开展了引进"阿米巴经营"的咨询事业，至今已有 400 多家企业导入了阿米巴。其中有不少企业已经成功上市或准备上市。

另外，响应社会的要求，我把"阿米巴经营"的要点归纳成书，于 2006 年正式出版发行，很快在日本成为畅销书，现在还不断再版，销量已达约 20 万册。2009 年在中国出版以后，也获得了很高的评价。

经营者具备强烈的愿望、充沛的热情，持续付出不亚于任何人的努力，不断创新，企业就能成长发展。然而，由于企业急剧成长，组织肥大化，无效和浪费难以看清，于是陷入"盖浇饭式的"糊涂账，企业因此步入衰退。这种情况很常见。

因此，企业要发展，要长期持续繁荣。那么，确立清晰的管理会计体制，对各部门的经营实态能够即时掌握，并迅速采取必要的应对措施，这是绝对必要的。

当今，中国经济高速增长，许多中国企业的业务内容和组织飞跃性扩张。在这种快速发展的中国企业里，我认为，引进正确有效的管理会计体制，是一个紧要的、不可回避的课题。

"阿米巴经营"的三个目的

首先，在理解"阿米巴经营"时，最重要的是理解"阿米巴经营"的目的，就是说"为什么需要'阿米巴经营'？"

我认为，"阿米巴经营"有如下三个目的：

（1）确立与市场直接联结的分部门的核算制度。

（2）培养具有经营者意识的人才。

（3）实现以经营哲学为基础的全员参与的经营。

1. 确立与市场直接联结的分部门的核算制度

谈到这一点，我想就要谈及"阿米巴经营"诞生的原委和经过。

我大学毕业后最初供职的企业名叫松风工业，是一家制造输电线用绝缘瓷瓶的企业。当时，我从事新产品的研发。后来我开发成功精密陶瓷新材料，成了使用这种材料生产产品的部门负责人，又搞生产又搞销售。但是，会计处理只是财务部门在做，我看不到经营数据，也不知道部门的收支情况。

　　京瓷创建后，有一位和我一起创业的人，在松风工业时他曾是我的上司，京瓷的财务由他负责。这位先生认真细致地核算产品成本，几个月后向我报告："这个产品的成本是这样的。"

　　我每天忙于产品的开发、制造和销售，实在没空去看那些已经过去的数据。但是，因为这位先生过于热心地给我讲述产品成本的事，我就说出了自己的看法："对不起，你说的这些已经过去的成本计算，对经营没有什么作用。"

　　我还对他这么说："作为经营者，这个月我想做出这么多的利润，为此我每天都在采取措施。三个月以前成本是这样，因此利润是这样。你在三个月后的今天，给我讲这些，对于已经过去的事，我无法补救。何况，在产品的价格、品种不断变化的情况下，听三个月以前某产品的成本如何，对我来说没有任何意义。"

　　我对他这么说，事实上，京瓷创业时与电子产品相关的零部件的价格总是急剧下降。上个月的订单是这个价格，到这个月客户就要求"降价10%"。经营必须得跟上时刻变化的价格。这时候，即使理解三个月前的成本也没有任何意义。在产品被要求大幅降价的今天的商业环境中，我想情况也一样。

工业产品，通常要经过几道工序才形成产品。在各个阶段的生产过程中，需要加上原材料费、人工费、折旧费、光热费和杂费等，产品的制造成本就是各道工序费用的合计。

但另一方面，产品的销售价格却与这种叠加的成本没有关系，而是依照市场原理决定。就是说，你只能依照客户要求的价格销售。在这种情况下，要获得利润，只有用低于市场价格的成本生产产品。

而且，市场价格天天都在变动。如果产品的价格在不断下降，而你事先不能采取有效措施，或者你的对策失误，那么不但不能获得经营者预期的目标利润，而且会很快陷入亏损。

所以，事后的成本计算毫无意义。对经营者而言，这种事后的成本计算，不过是记录了几个月前采取了什么经营措施后得出的结果。而经营者需要的是，告诉我现在企业处于何种经营状态，为有好的"活生生的数据"现在应该采取何种措施。

基于原则的分部门核算制度

后来，京瓷请了经验丰富的财务专家来指导会计事务。我向这位财务专家询问："这个月的决算结果如何？"他总是用一些难懂的会计术语向我解释，我总是不得要领。这样的问答反复多次后，我断言说："好了，我明白了。简要地说，所谓经营就是做到'销售最大化、经费最小化'就行。这样利润就会随之增加。"

在那一瞬间，我突然意识到"销售最大化、经费最小化"就是经营的原则。从此以后，我就是遵循这条经营原则，千方百计努力做到销售最大的同时，彻底削减所有的成本。

但是，作为企业领导人，我把握整个公司的销售和费用，可以按照"销售最大化、经费最小化"的原则开展经营，而在员工人数占了公司一大半的制造部门，每道工序的销售额他们都不知道。虽然在费用削减上可以做出努力，但他们对增加销售额既不关心，也不负什么责任。

按照"销售最大化、经费最小化"的原则，各道工序在做到费用最小化的同时，也必须努力做到销售最大化。为此，必须让各道工序的领导人切实了解到自己这道工序的销售额是多少，这个销售额是怎么发生的。

为此，我考虑把整个生产过程分割成小的工序作业单位，借以明确各道工序的收支核算，考虑构建这样一种管理体制。例如，在精密陶瓷的生产部门，我把它分割成原材料工序、成型工序、烧制工序和精加工工序四个作业单位，在各作业单位之间实行公司内部的买卖。

就是说，像"原材料部门向成型部门卖原料"那样，如果各道工序的半成品卖给下道工序，工序之间形成买卖关系，那么各道工序就完全可以像一个独立的中小企业一样，成为单独的核算单位。这么一来，"销售最大化、经费最小化"这一经营原则，在每个作业单位就都能付诸实践。

同时，这样的作业单位并非固定不变。随着事业的发展，只要将它像单细胞生物阿米巴一样分割或增殖就行了。在京瓷，这样的作业单位被称为"阿米巴"。这就是"阿米巴经营"这个说法的由来。

遵照"销售最大化、经费最小化"这一原则，各个阿米巴的核算情况，用谁都能一目了然的形式表达出来，这也是京瓷的独创，就是所谓"单位时间核算表"。在这个"单位时间核算表"里不仅有销售和费用，还有

"单位时间"，就是计算每个小时的劳动所产生的附加值，这就可以清楚地知道各个阿米巴的生产效率。

同时，把这个"单位时间核算表"里的预定数据和实绩数据相对比，各个阿米巴就能即时掌握相对于销售和费用的预定数据，即相对于计划，现在实际的落实情况如何，就能迅速采取必要的应对措施。

大多数制造企业，都是由财务部门进行事后的会计处理，成本等数据都是事后算出来的。但是市场价格不断变化，用过去的成本做依据，就会与实际的经营脱节，就不能采取适宜的改进措施。

因此，把很大的复杂的部门整体，按需要分割成阿米巴这样的小组织，每个阿米巴都能即时掌握销售和费用等经营实绩，这样一种经营管理体制无论如何都是必需的。

另外，有了这种经营管理体制，即使市场价格大幅下跌，售价的下跌就会立即反映到各阿米巴之间的买卖价格上，各阿米巴就会闻风而动，立即采取降低费用等对策，就能够避免出现核算迅速恶化的状况。

"阿米巴经营"能够将市场变化的压力直接传递到公司内部的各个阿米巴，而且对于这种市场变动，公司全体人员都可以即时应对。这就是所谓与市场直接联结的经营管理体制。

前面讲到企业经营的原则是"销售最大化，经费最小化"。为了彻底实践这条经营的大原则，把组织划分成小的作业单位，以对市场变动能立即应对，按部门进行核算管理，这就是实施"阿米巴经营"的第一个目的。

2. 培养具有经营者意识的人才
—— 增加作为共同经营者的经营伙伴

创业之初，研发、生产、销售和管理等所有部门都由我直接指挥。生产制造出问题，我就要立即赶赴现场；为获取订单必须亲自访问客户；客户不满或提出索赔，我必须出面解决。我一个人必须同时扮演多种角色，那时我繁忙至极。

可能的话，最好有分身术。"你去拜访客户，搞营销！""生产出了问题，你快去现场解决！"如果只要我下命令，他们就能去解决问题，这该有多好啊！像孙悟空一样，只要拔自己的毛，然后一吹，马上就能变出许多自己，只要给他们下命令就行。我认真地思考过这个问题。

同时，我强烈地希望出现同我一样的人，他们也对经营负责，具备经营者的自觉性，我需要"具备经营责任感的共同经营者"。这样的人越多越好，我想培养这样的人才。

不管哪家公司，经营者总是孤独的。作为企业最高领导人，往往必须自己一个人做出最终的决断。因此，常常会感觉孤单寂寞，心中无底。特别是当时的我，既没有经营经验，又没有经营知识，所以从内心更加渴望出现作为伙伴的共同经营者，希望他们能与我同甘共苦，与我分担经营的责任。

随着公司规模的扩大，由领导人一人管理整个企业越发困难。这时一般来说，先把销售和制造分开，"你负责销售，生产制造由我负责"。这样来分担销售部门和制造部门的工作。

如果业务内容进一步扩展，销售部门或许就要分成东部和西部两大区域。如果客户再增加，东部地区和西部地区又要各自分出 A 地区、B 地区和 C 地区，把组织进一步细分。

制造部门也一样。制造部门的责任人一个人管理整个生产工序，如果管不过来，就要将制造部门划分为小的作业单位，让各个作业单位负责人承担各自的经营责任，让他们进行细致的核算管理。

如果把组织单位划小，各个组织的管理就不会那么困难。就是说，把企业分割为小的作业单位后，能力不是特别强的人，就是只具备普通能力的人，也可以经营。

同时，把公司的组织划分成小的作业单位，让它们分别成为独立的中小企业一样的形态，那么这些作业单位的领导人就会具备中小企业经营者那样的经营意识。其结果，就能培养出我过去一直期待的、一起承担经营责任的伙伴，即所谓共同经营者。

这样，就能将公司重新构筑成中小企业的集合体，分别让它们承担经营责任，培养具有经营者意识的人才。这就是"阿米巴经营"的第二个目的。

3. 实现以经营哲学为基础的全员参与的经营
—— 通过共有经营理念和相关信息提高员工的经营者意识

提出这一条，是因为创立京瓷时日本社会的形势背景。第二次世界大战后，日本的劳资对立激化，特别是我所在的京都，这种倾向更为严重。

为什么产生劳资对立？一方面劳动者只强调自己的权利，往往不愿意去理解经营者的痛苦和烦恼；另一方面，经营者也不愿理解劳动者的痛苦，不注意保护他们的权利。

或许还有其他许多社会原因。总之，劳资双方只是强调自我一方，执着于追求自身的利益，缺乏对对方的同情体谅之心，我想这是最大的原因。

如果是这样，那么要消除劳资对立，经营者就要认真理解劳动者的立场，尊重他们的权利。同时，必须把劳动者的意识提高到与经营者相同的水平。如果经营者和劳动者具备相同的思维方式、相同的观点，那么劳资对立就一定能消除。

那么，怎样做才能达到这一目的呢？当时，在我头脑中浮现的是"大家族主义"的想法。就是说，公司形态各式各样，但如果存在"全体员工都是经营者"这样的公司，我认为那就是最强大的公司。

但是，在日本的公司制度上，不存在这种形态的企业。即使如此，我认为，员工和经营者为了一个共同的目的，能够站在相同的立场上互相帮助，这样的公司形态最为理想。这种人际关系的典范就是"家族"。

　　如果公司能像一个大家族，共同经营，那么劳资的对立就能化解，经营必能顺利展开。基于这种思考，我把"大家族主义"放进了京瓷经营哲学的骨架里，就是全体员工像一个家族，互帮互助，没有对抗，共同经营。

　　当时，日本社会结构中存在劳资对立。我在心中暗下决心，一定要让经营者和员工具有相同的意识，完全像一个家族一样。无论如何，我都要创建这样的公司。

　　为此，前面已谈到，首先把划小的作业单位委托给阿米巴长管理，培养尽可能多的具备经营意识的人才。但是，把组织划小仍有它的限度。

　　因此，为了超越劳资的立场，让经营者和员工团结一致，我提出了让全体员工都能接受、都能认同的企业经营目的，就是努力让企业的"经营理念"为全体员工所共有。

　　京瓷的经营理念是：在追求全体员工物质和精神两方面幸福的同时，为人类社会的进步发展做出贡献。也就是说，京瓷这个企业，把追求全体员工物质的以及精神的幸福放在第一位。在此基础上，"为社会为世人"做出贡献。把这样的理念当作经营企业的大义名分。

这样的经营理念每个人都能接受，都能引起共鸣。由此，员工会把京瓷当作自己的公司，就会拼命地工作。同时，经营者为了实现员工的幸福，也会全身心投入经营。其结果，经营者和员工就能成为同志和家族，为同一目的，抱同样理念，共同奋斗。

从这点出发，我不断强调企业的这一"经营理念"，利用各种机会，给员工解释其中的意义，努力让员工共有这一理念。

这样，让大义名分为员工所共有，就能超越经营者和员工各自强调以自我为中心这样对立的结构，实行"全员参与的经营"。这就是"阿米巴经营"的第三个目的。

运用"阿米巴经营"时的注意点：阿米巴组织划分的三个要点

有关"阿米巴经营"的三个目的，我想大家都理解了，下面讲"阿米巴经营"在实际运用时要注意的地方。

首先是"阿米巴的组织划分"。在阿米巴经营中如何分割组织、营造阿米巴，这是成功的关键。这里也有三个要点。

第一，"部门的收入和费用必须清晰，必须是一个可以独立核算的单位"。也就是说，这个部门收入是明确存在的，而且为了获得这种收入，它的费用也是很明确的。划分组织要满足这个条件。

不管什么组织，它的费用是可以弄清楚的，但收入就不一定。有的部门收入不易看清，有的部门没有收入。要进行独立核算，买卖关系必须清晰，能够进行收支计算。有收入，费用也能明确把握，这是划分阿米巴的第一个要点。

第二，"作为一个事业能够独立完成"。换句话说，具备作为一个独立的公司应具备的功能。阿米巴长是作为经营者用独立核算的办法经营他的阿米巴。阿米巴作为一个事业能够独立完成，阿米巴长作为经营者可以通过钻研创新，切实感觉到工作的价值，否则划分阿米巴就没有意义。

我想以精密陶瓷的生产工序为例做说明。前面已提到，精密陶瓷的生产工序首先是调制原料的原料工序；接着是将原料粉末压制成希望的形状，即成型工序；然后是将成型后的半成品在高温中烧结的烧制工序；最后是将烧制的半成品打磨，也就是精加工工序。

京瓷在生产部门划分的阿米巴，最初就是其中的原料工序。开始时，要把精密陶瓷的原料调制工序搞成阿米巴，进行独立核算，对照"作为一个事业能够独立完成"这一条件，我曾担心这是否划得太细了。

但是，日本有专门调制陶瓷原料然后销售的公司，它们向京瓷这样的陶瓷企业提供调配好的原料。如果仅仅调制原料就能成为一个公司，那么京瓷设法低价购进原料，将其调配好后卖给下道的成型工序，作为一个事业应该能够成立。基于这种考虑，就将原料工序作为一个阿米巴，让它独立经营。

下面的成型工序、烧制工序、精加工工序，只靠收取加工费就能经营的中小企业，实际上日本有很多。它们利用客户的设备和原材料进行加工，只收取加工费，事业照样能成立。因此，京瓷的这些部门从原料部门购进原料，然后成形、烧制、精加工，进行销售，它们都可以进行独立核算。基于这样的思考，我让这些部门都作为阿米巴独立核算。

这样，将组织细分到作为一个独立的事业能够成立的状态，这就是阿米巴组织划分的第二个要点。

第三，"能够贯彻公司原本的整体的目的"。有这样一种情况，即使满足了能进行独立核算的组织这个条件，但让这个组织作为阿米巴独立，反而会破坏公司整体一贯的经营方针，这时就不能让它独立成为一个阿米巴。

如果阿米巴细分的结果使本应协调一致的功能变得支离破碎，那就无法达到公司的整体目的。因此，这样的阿米巴就不应该让它成立。

比如销售部门，随着订单和销售的增加，组织逐渐变大。这时将销售部门进一步细分，分成接受客户订单的部门、给客户送货的部门、开出账单回收资金的部门，从独立核算的角度看，这样的划分是可能的。但是，这样做，作为销售部门就不能给客户提供从头到尾的完整的服务。与客户做生意，某个部门只管拿订单，这行不通。还有交货期管理，有送货、应对客户投诉、回收资金等工作。如果这些工作分别由其他阿米巴担当，就无法满足客户的要求。

因此，阿米巴并不是能分就要分。阿米巴的划分必须有利于贯彻公司整体的方针和目的。同时，重要的是，阿米巴不是一次划分完以后就万事大吉了。经营者必须随时观察现在的阿米巴组织是否适应事业的环境，以便需要时做出调整。

现有的阿米巴进一步细分，或者相反，细分过头的阿米巴重新合并，这些都必须根据情况经常审视和调整。制造部门也好，销售部门也好，阿米巴组织如何划分是一个非常重要的问题。这点上失败了，"阿米巴经营"就失去了意义。从这个意义上讲，"阿米巴组织如何划分，这既是"阿米巴经营"的开始，也是"阿米巴经营"的终结。这么讲并不过分。

阿米巴之间如何定价

在"阿米巴经营"的实践中，还有一点注意，那就是"阿米巴之间的定价"。

各道工序的阿米巴组织设定后，各阿米巴之间就要进行买卖，就必须决定各阿米巴之间的买卖价格。但是，因为各个阿米巴都要尽力提高自己阿米巴的核算效益，所以这个阿米巴之间的定价对"阿米巴经营"来说就非常重要，而且也非常困难。

这是因为，阿米巴之间的买卖价格并没有客观的标准。尽管有一个卖给客户的最终价格，但工序间的买卖价格却没有任何客观的基准。

那么，怎么来决定阿米巴之间的卖价呢？首先，某产品的订单决定后，通过从它的最终价格向前倒推，来决定各道工序的价格。这一产品以这一价格卖给客户，那么最终的检验工序的价格是多少，精加工工序价格是多少，一直推到原料工序，这样来决定各道工序间的价格。

这时候，某个部门并没有付出特别的劳力，却因定价高，很轻松就能盈利，而别的部门费工费时，却因定价过低，不管怎样努力，依然亏损。这样定价就不公平。对阿米巴之间的定价做出判断的人必须公正无私，具备让各方接受和认可的见识。

对阿米巴之间的定价做出判断的人，必须掌握哪个部门会发生多少费用，需要多少劳力，产品技术上的难度如何等。同时还要能够对照社会常识，让有关工序在正常情况下都能盈利，必须这样来定价。

所谓社会常识，就是有关劳动价值的常识。例如，销售电子设备，毛利一般是多少；用临时工，日工资是多少；这项作业如果让外面做要花多少钱等。这些常识都要知晓。

各个阿米巴之间的定价，要由对各个阿米巴的工作内容相当了解的领导人，根据社会常识，考察各阿米巴的费用和劳动力，决定适宜而公平的价格。这是一项非常困难的工作，同时也是一项非常重要的工作。

损伤公司整体道德和利益的 "部门间利益的对立"

即使这样来给各阿米巴定价，仍然会发生阿米巴之间的对立和争执。例如，假设最初各阿米巴之间很公平地决定了价格，但过了两个月，由于市场竞争的变化，最终价格降了一成。

这种情况下，如果各道工序都能降价一成，那当然最好。但是，其中有的工序阿米巴可能会说："这个产品我们以前就亏损，以前我们就一直要求调整价格，现在又要一齐降价一成，我们的亏损额将更大，生产这种产品已没有意义。所以，这个订单我们不要了。"这样的话，一起降价一成就行不通，阿米巴之间就会开始吵架。

　　还有，销售和生产之间也会产生对立。在生产制造厂家，生产和销售之间大都采用"买断卖断"的交易方式。销售部门从生产部门购买产品，然后负全责卖给客户。这时，销售要尽可能从生产低价购进，然后尽可能高价出售给客户，以便多盈利，就像商社一样。这中间可以凭才能品尝到做生意的美味。

　　但是，像京瓷这种向客户直销的生产厂家，如果也搞"买断卖断"，销售部门就会想尽可能低价购进，而生产部门就会想尽可能高价卖出。销售部门和生产部门之间就会发生激烈的利害对立，公司整体就可能疲软无力。

　　因此，为了避免销售部门和生产部门之间的对立，当时，在国内的销售部门，只要拿到订单、有销售，就可以自动获得10%的手续费，就是采取所谓佣金制度。采取这种形式，销售部门虽然不能光凭自己的才能赚钱了，但得到的补偿却是只要有销售额，就能获得10%的手续费。这样，因"买断卖断"而争吵的现象消失了。

　　但采用这种形式，不管产品价格如何下跌，销售部门都能获得10%的佣金，所以销售部门往往很轻率地接受客户的降价要求。而对于生产制造部门而言，成本要压缩 10% 谈何容易，弄不好就会亏损。这样，生产与销售之间又产生利害对立，吵架的事又不断发生。

另外，海外的当地法人与日本的总公司之间也会产生对立。特别是发生质量投诉和交货期问题时，在美国的销售部门与日本国内的生产部门很快就会吵起架来。美国的销售部门认为自己的业绩不佳是因为日本的生产部门有问题，因而大为光火。当时联系手段依靠电传，抗议的电文接二连三传到日本。

本来，当发生客户投诉、有可能失去客户信任的时候，在日本的生产部门和在美国的销售部门更应该团结一致，努力克服这种危机。然而，实际上恰恰相反，碰到危机反而出现内讧，而且这种不和、内斗还辗转传到客户那里。

在美国的销售人员因交货不及时多次受到客户训斥时，他们就会在客户面前毫无顾忌地说："这都是因为京瓷的日本生产部门不负责任。我已多次向生产部门发去了电传，他们一点也不守信用。"

为了自己个人的面子，销售人员居然在客户面前谴责自己公司的生产部门。这样做，京瓷公司整体就会丧失信用，可能再也得不到这些客户的订单。明知会产生这样的后果，仅仅为了自己一时的颜面，销售人员竟然会说这种话。

这种对立，都是为了保护自己的"利己主义"产生的结果。在"阿米巴经营"中，因为把公司分成了许多小组织，分别独立核算、独立经营，要让自己的部门尽可能多盈利，这种意识很容易强烈起来，因而引发部门间的争执，破坏公司整体的协调和谐。

按理说，各个部门在拼命努力维护和发展自己本部门的同时，也必须竭尽全力做到让公司整体利益最大化，就是所谓个体与整体的平衡协调。但现实往往做不到，往往实现了个体的利益，却损害了整体的利益。

阿米巴长需要哲学

要解决这样的矛盾，就需要在追求个体利益的同时，能够超越彼此所处立场的不同，能够在更高层次上进行判断的正确而坚定的"哲学"。就是说，各位阿米巴长不仅是各自部门的利益代表，也是京瓷公司整体利益的代表，必须具备这种高层次的哲学。

这里所说的高层次的哲学，在京瓷公司，就是刚才介绍过的"实现全体员工物质和精神两方面的幸福"这一经营理念。正因为具备了这种全体员工能够共有的理念，员工就不会只考虑本部门的利益，而是为了实现伙伴们的幸福，优先考虑公司的整体利益。

另外，还需要作为人的带普遍性的价值观，就是正确而坚定的思维方式。在京瓷我总是利用各种场合，反复给大家讲述作为人应有的基本的思维方式。在京瓷，这被称为哲学。这种哲学用公平、公正、正义、勇气、诚实、忍耐、努力、亲切、谦虚和博爱等朴实的语言表述。是父母亲、老师教导的做人的基本的道德项目，也就是针对"作为人，何谓正确"这一命题的解答。

这种普遍正确的哲学如果能在企业内部为大家所共有，那么阿米巴长就会排斥"只要自己好就行"的恶的念头，就会立足于善的思考：为了公司的整体利益，我必须干些什么？

推行"阿米巴经营"的领导人必须具备高层次的哲学还有一个理由，就是能够成为领导人的人，往往本来就是那些利己的、自我主张强烈的人。

正因为是往往会干些坏事的人，更需要具备普遍正确的哲学，用以抑制自己的行为。就是说，必须掌握用以律己的高层次的哲学，尽力抑制任性的、专断的行动，才能使"阿米巴经营"正常地发挥它的功能。

因此，我经常强调，领导人必须具备高层次的哲学，必须具备高尚的人格，必须是人格完善的人。在"阿米巴经营"中充当领导的人，必须是整个人格都非常优秀的人，只有这样的领导人才能保证企业的永续的发展。

把"体贴人的经营"变为现实可能的经营体制

在京瓷的"阿米巴经营"的运用中，这种哲学的渗透反映最为典型的就是薪酬制度。

在京瓷，即使某个阿米巴取得了非常突出的业绩，也不会因此大涨工资或给予很多奖金。当然，工作业绩获得长期的好评，会在涨薪、升职方面得到体现，但不会仅仅因为该阿米巴盈利多，就马上大幅涨工资、发奖金。不采用这种报酬制度。

如果阿米巴的业绩直接与个人的收入挂钩，那么员工就会为短期的业绩忽喜忽忧。同时，因为不满和嫉炉，会使公司内部的人际关系变得一团糟。所以，在京瓷，如果某个阿米巴取得了优异的业绩，就是对整个公司做出了很大的贡献，就能得到来自其他阿米巴伙伴的赞赏和感谢。

这样的话说给公司外的人听，他们往往不理解，觉得不可思议："这么做真的行得通吗？"但在京瓷，刚才已谈到，在全体员工都能接受并引起共鸣的经营理念之下，"贯彻做人的正确准则"这种哲学彻底渗透，全公司大家共有。

就是这样，不是用金钱来操纵人心，因对公司做出了贡献而受到大家的赞赏，这才是最高的荣誉。这样的观念已经成为京瓷领导人和全体员工共同的思想。因此，阿米巴经营是以崇高的哲学为基础的经营体制，这样说一点也不过分。

大多数欧美企业的经营都依据绩效主义。绩效主义是直截了当地刺激人物质欲望的办法。根据工作成果给予相应的报酬，甚至决定是否雇用。这是一种冷冰冰的理性，是缺乏人性的做法。这种方法或许一时能刺激人的干劲，但要长期持续地激发人内在的积极性是很困难的。

与此相反，"阿米巴经营"是以经营者与员工、员工与员工之间的信赖关系为基础的全员参与经营，是一种珍视人心的经营体制。"阿米巴经营"因为是全体员工参与经营，所以包括生产现场的作业人员在内的所有员工都朝着自己设定的目标自发地努力工作。

世上有不少经营者认为劳动者只要劳动就行，因此制定严酷的定额强制他们工作，或者以高额的成功报酬作为诱饵，刺激人的欲望，借以达到提高公司业绩的目的。与此相反，所谓"阿米巴经营"，就是在现场工作的每位员工都带着"自己也是经营者"的意识，在感受到劳动的喜悦的同时自发地努力工作，这样来提高公司业绩的一种经营体制。

这么说来，"阿米巴经营"是以哲学为支柱的"尊重人性的经营"，是把"体贴人的经营"变为现实可行的经营体制。再进一步说，让员工感受到自己参与计划、自己亲自经营的喜悦，尊重每个人的劳动价值，这样的经营才是"阿米巴经营"。

渗透到世界各个角落的"阿米巴经营"

我认为，京瓷集团飞跃发展的原因，就在于这种根植于正确哲学的"阿米巴经营"渗透到了京瓷公司在全世界的各个角落，全球的京瓷员工都在认真实践。

中国企业今后也会不断向全球化发展。那么，在世界各地开展经营活动的时候，一方面需要拥有全球通用的普遍正确的经营哲学，与此同时，确立以这种哲学为支柱的清晰的经营管理体制，并在实践中正确运用，这是很必要的。

如果我今天的讲演能够成为一种契机，成为到场的经营者今后实践这种卓越的经营的契机，我会感到万分荣幸。

要　点

组织越是肥大，就越难以掌握企业的实态，越难以弄清企业损失浪费的情况，也就无法下手进行必要的经营改善。而且，还会在经营方向的决策上发生错误，因而使好不容易成长起来的企业陷入衰退。这样的例子层出不穷。在迅速成长、组织日益扩展时，为了更有效地经营企业，把组织划小，在每个小的组织中，对每个月的销售额和经费的明细，都能迅速而明确地把握。构建这样的管理体制，并付诸实施是必要的。

○

　　管理会计，与把经营信息向有关利害方公开的财务会计、与为纳税而做的税务会计都不一样。管理会计是经营者为了掌握企业经营的实态，为了正确决策，为了进行业绩管理，而采用的一种会计手法。"阿米巴经营"是在经营实践中产生的，它是经营者为了更有效地经营企业而采用的管理会计体制。

○

　　经营者具有强烈的愿望、充沛的热情，付出不亚于任何人的努力，不断创新，企业就能成长发展。然而，由于企业急剧成长，组织肥大化，无效和浪费难以看清，于是陷入"盖饭式"的糊涂账，企业因此步入衰退。这种情况很常见。因此，企业要发展，要长期持续繁荣，那么，确立清晰的管理会计体制，对各部门的经营事态能够即时掌握，并迅速采取必要的应对措施，这是绝对必要的。

○

　　阿米巴经营有如下三个目的：

　　（1）确立与市场直接联结的分部门的核算制度。

　　（2）培养具有经营者意识的人才。

　　（3）实现以经营哲学为基础的全员参与的经营。

○

事后的成本计算没有意义。对经营者而言，这种事后的成本计算，不过是记录了几个月前采取了什么经营措施后得出的结果。经营者需要的是，告诉我现在企业处于何种经营状态，为好的"活生生的数字"现在应该采取何种措施。

○

遵照"销售最大化、经费最小化"这一原则，各个阿米巴的核算情况，用谁都能一目了然的形式表达出来，这就是京瓷独创的"单位时间核算表"。在这个"单位时间核算表"里不仅有销售和费用，还有"单位时间"，就是计算每个小时的劳动所产生的附加值，这就可以清楚地知道各个阿米巴的生产效率。把这个"单位时间核算表"里的预定数字和实绩数字相对比，各个阿米巴就能即时掌握相对于销售和费用的预定数字，即相对于计划，现在实际的落实情况如何，就能迅速采取必要的应对措施。

○

为了根据经营事态来采取适当的应对措施，把很大的复杂的部门整体，按需要分割成阿米巴这样的小组织，每个阿米巴都能即时掌握销售和费用等经营实绩，这样一种经营管理体制无论如何都是必需的。有了这种经营管理体制，即使市场价格大幅下跌，售价的下跌就会立即反映到各阿米巴之间的买卖价格上，各阿米巴就会闻风而动，立即采取降低费用等对策，就能够避免出现核算迅速恶化的状况。

○

所谓"阿米巴经营"，就是能够将市场变化的压力直接传递到公司内部的各个阿米巴，而且对于这种市场变动，公司全体人员都可以即时应对。这就是所谓与市场直接联结的经营管理体制。

○

企业经营的原则是"销售最大化、经费最小化"。为了彻底实践这条经营的大原则，把组织划分成小的作业单位，以对市场变动能立即应对，按部门进行核算管理。这就是实施"阿米巴经营"的第一个目的。

○

不管哪家公司，经营者总是孤独的。作为企业最高领导人，往往必须自己一个人做出最终的决断。

○

把公司的组织划分成小的作业单位，让它们分别成为独立的中小企业一样的形态，这些作业单位的领导人就会具备中小企业经营者那样的经营意识。其结果，就能培养出一起承担经营责任的伙伴，即所谓共同经营者。将公司重新构筑成中小企业的集合体，分别让它们承担经营责任，培养具有经营者意识的人才。这就是实施"阿米巴经营"的第二个目的。

○

要消除劳资对立，经营者就要认真理解劳动者的立场，尊重他们的权利。同时，必须把劳动者的意识提高到与经营者相同的水平。如果经营者和劳动者具备相同的思维方式、相同的观点，那么劳资对立就一定能消除。

○

为了超越劳资的立场，让经营者和员工团结一致，就要提出让全体员工都能接受、都能认同的高层次的经营目的，也就是"经营理念"，并利用各种机会，给员工解释其中的意义，努力让员工共有这一理念。让大义名分为员工所共有，就能超越经营者和员工以自我为中心这样对立的结构，实行"全员参与的经营"。这就是实施"阿米巴经营"的第三个目的。

○

划分阿米巴组织的第一个要点是："部门的收入和费用必须清晰，必须是一个可以独立核算的单位。"就是说，这个部门收入是明确存在的，而且为了获得这种收入，它的费用也是很明确的。划分组织要满足这个条件。

○

划分阿米巴组织的第二个要点是："作为一个事业能够独立完成。"换句话说，就是要把组织细分为具备一个独立的公司功能的单位。因为阿米巴长是作为经营者用独立核算的办法经营他的阿米巴，阿米巴作为一个事业能够独立完成，阿米巴长作为经营者可以通过钻研创新，切实感觉到工作的价值，否则划分阿米巴就没有意义。

○

划分阿米巴组织的第三个要点是："能够贯彻公司原本的整体的目的。"即使满足了能进行独立核算的组织这个条件，但让这个组织作为阿米巴独立，反而会破坏公司整体一贯的经营方针，这时，就不能让它独立成为一个阿米巴。

○

阿米巴不是一次划分完以后就万事大吉了。经营者必须随时观察现在的阿米巴组织是否适应事业的环境，以便需要时做出调整。

○

阿米巴组织如何划分是一个非常重要的问题，在这点上失败了，那阿米巴经营就失去了意义。从这个意义上讲，"阿米巴组织如何划分，这既是阿米巴经营的开始，也是阿米巴经营的终结"。

○

各个阿米巴之间的定价，要由对各个阿米巴的工作内容相当了解的领导人，根据社会常识，考察各阿米巴的费用和劳动力，决定适宜而公平的价格。这是一项非常困难的工作，同时也是一项非常重要的工作。

○

在阿米巴经营中，因为把公司分成了许多小组织，分别独立核算、独立经营，要让自己的部门尽可能多盈利，这种意识很容易强烈起来，因而引发部门间的争执，破坏公司整体的协调和谐。各个部门在拼命努力维护和发展自己本部门的同时，必须竭尽全力做到让公司整体利益最大化，个体与整体的平衡协调，这是非常重要的。

○

解决阿米巴之间的这种矛盾，就需要在追求个体利益的同时，能够超越彼此所处立场的不同，能够在更高层次上进行判断的正确而坚定的"哲学"。也就是说，各位阿米巴长不仅是各自部门的利益代表，也是京瓷公司整体利益的代表，必须具备这种高层次的哲学。

○

为了让阿米巴正常发挥功能，领导人必须具备高层次的哲学，必须具备高尚的人格，必须是人格完善的人。在"阿米巴经营"中充当领导的人，必须是整个人格都非常优秀的人，只有这样的领导人才能保证企业的永续的发展。

○

世上有不少经营者认为劳动者只要劳动就行，因此制定严酷的定额强制他们工作，或者以高额的成功报酬作为诱饵，刺激人的欲望，借以达到提高公司业绩的目的。与此相反，所谓"阿米巴经营"，就是在现场工作的每位员工都带着"自己也是经营者"的意识，在感受到劳动的喜悦的同时自发地努力工作，这样来提高公司业绩的一种经营体制。

○

"阿米巴经营"是以哲学为支柱的"尊重人性的经营"，是把"体贴人的经营"变为现实可行的经营体制。再进一步说，让员工感受到自己参与计划、自己亲自经营的喜悦，尊重每个人的劳动价值，这样的经营才是"阿米巴经营"。

京瓷会计学：今日经营迫切需要的会计学

2011 稻盛和夫经营哲学大连报告会上的演讲

——2011 年 10 月 23 日

　　由稻盛和夫（北京）管理顾问有限公司主办的第四次经营哲学报告会在中国大连举办。稻盛以"京瓷会计学：今日经营迫切需要的会计学"为题，讲述了会计七原则，这是获得了飞跃成长的中国企业持续健康发展所需要的会计原则。

并非财务专家的我所确立的会计原则

今天，我想就企业经营的实学，即我对企业会计所做的思考，就是所谓"京瓷会计学"进行阐述。

我不是财务专家，但作为经营者，在日常的经营中我意识到会计的重要性。在不断学习的同时，结合经营实践，对会计应该怎么做才对，我用自己的方式确立了会计的原理原则。

京瓷在 50 多年的经营中，没有一年亏损，一直是持续快速成长发展。我认为原因之一，就是我们在很早就确立了这一有关企业会计的正确原则，并在此后的经营中贯彻实行。

以上述经验为基础，1998 年在日本，总结我对企业会计的思考和实践的书籍《稻盛和夫的实学》出版。"工程师出身的经营者所著的实践性管理书籍"成为畅销书，至今还有许多经营者、管理者和会计师在认真阅读。在中国，今年（2011 年）也出了新的版本，并获得了很高的评价。

中国经济飞跃式发展，在这过程中，许多中国企业也得以迅速成长发展。这些快速成长的企业为了维持自身成长发展，必不可少的是支撑这种发展的正确的企业管理思想，以及构筑清晰的企业管理的体制。这就是"阿米巴经营"，还有我今天要讲的"京瓷会计学"。

经营的原点和会计：回到事物的本质思考问题

首先，从这种会计学是如何产生的这点讲起。

1959 年，归因于我的几位朋友的支援与好意，我创立了京瓷公司。当时我只是一个 27 岁的工程师，没有经营的经验和知识。尽管如此，在以前工作过的企业里，因为我承担了从产品开发到事业化的全过程的任务和工作，所以对产品的开发、生产和销售这三项企业经营的要素，我觉得自己应该能够胜任。

但是，对于"会计"我却一无所知。最初看到资产负债表，右手贷方"资本金"是钱，左手借方"现金·存款"也是钱，我甚至认为"把钱分到两只手中，两边都有钱"。

当时的我就是那样，但是员工在各种事情上还都要听我的判断，而且京瓷是一个刚刚诞生的小企业，只要有一次判断失误，企业就可能马上倾覆。究竟应该以什么作为判断的基准？我非常烦恼，甚至夜不能寐。

因为缺乏经营的知识和经验，我决定对所有的问题都自问："作为人，何谓正确？"

把正确的事情以正确的方式贯彻到底。我就是对照自己也能理解的父母和老师从小教导的朴素伦理观，对一切事情做出判断。这样的话，我想哪怕没有经营的知识和经验，也不至于在判断上出现大的错误。

也就是说，在自己的心中确立了基于所谓原则的判断基准。现在回过头来看，当时我缺乏经营常识，反而是件幸运的事。因为这样我才没有被常识所局限，可以去捕捉事物的本质。

对于"会计"也一样。因为总要回归到事物的本质进行思考，因此在有关会计的具体问题上，只要我有疑问，就马上要求财会人员做出详细的说明。

但是，我想知晓的不是会计和税务的教科书式的说明，而是会计的本质及其背后发挥作用的原理。在这方面，财会人员却往往不能给我满意的解答。

财务专家会说："会计上就是这么规定的。"但我每天都为经营上的问题而烦恼，他们这种说法我不能接受。于是就追问："那是为什么？"直到他们的解释让我满意为止。

与财务部长的争论中产生的会计学

有一位在京瓷创建几年后进公司的财务部长，他曾在历史悠久的企业里积累了丰富的业务经验，是一位财会专家。他并不因为我是社长，就会对他相信的东西轻易让步。

但是，不管多么小的事情，只要我有疑问，都会毫不客气地向他提出："为什么要使用这种票据？""从经营的立场上应该这么做才对，为什么在会计上却不这么处理？"等等。我总是刨根问底，反复追问"为什么"。

即使他大声说："反正企业会计上就这么规定的。"我还是不肯罢休："这种回答没有说服力。不能回答经营者想知道的事情，这样的会计没有价值。"我不愿妥协，直到他的说明能让我接受为止。

最初他对我的提问很吃惊，觉得不可思议。因为作为财务专家他很自负，对他而言，我似乎提出了一系列奇怪的问题。但过了几年，他的态度突然转变，开始认真诚恳地倾听我的意见。

作为经营者，我从"正确的经营应该是怎样的"这一立场出发，对会计发表看法。他理解了我的观点。作为财务人员，我的这种立场他过去没有考虑过。

"会计真的是应该为经营服务的。"他主动吸取了这一观点。

后来我问他时，他说他意识到我提出的问题"直逼会计的本质"。

后来，他以财务部长的身份参与了公司股票在日本上市和在美国发行股票（ADR）。在京瓷成长发展的过程中，把会计系统改进得更加完善精致。

在京瓷成长发展过程中，我遭遇到各种财务和税务上的问题，我都根据自己的经营哲学，从正面认真研究，做出判断。

通过对具体事件的深入思考，对于会计、财务本来应该是怎样的，它的理想状态是什么，我都有了自己独特的见解。

这种思维方式作为"京瓷会计学"，和京瓷独创的

"阿米巴经营"管理模式一起，渗透到京瓷公司内部，成为京瓷快速成长的原动力之一。

"京瓷会计学"就是这样产生和培育的，它是经营者用于经营实践的会计学，主要由七项原则组成，下面我想逐条解释。

1. 以现金为基础的经营原则

这里的数字不是会计上的数字，而是把重点放在"现金的流动"上，这也是从基于事物本质的经营中产生的观点。

在近代会计学中，当收入和支出的事实发生时，就算有了收益和费用，计算入账，这叫作"发生主义"的会计处理方法。采用这种方法，实际的现金收入和支出发生时，作为收益和费用，在会计上的认识是不同的。

其结果是，结算表上显示的盈亏数字的变动和实际的现金流动脱节，对经营者而言，就很难弄清楚经营的实态。例如，报表上有利润，实际上不是以现金而是以库存或尚未到账的应收款等各种形式存在。这样，就会发生决算虽然盈利，却又必须向银行贷款的情况。

　　经营的基础归根结底要靠手头的现金，不是会计报表上有利润就可以安心了。经营企业必须经常考虑"赚到的钱哪里去了"，要增加手头的现金。以现金为基础的经营原则可以给企业带来稳定。

　　在日本，有的经营者因为"票据没有贴现"四处奔走筹款，总算贴现了，就自以为经营很有本事。但总是为紧急筹款而奔走不停，像自行车一停就倒下一样，这样做至多不过是把亏本经营挽回到收支平衡、不盈不亏的状态，不可能让企业成长发展。

　　另外，日本有很多经营者认为，靠银行贷款来快速扩张事业是个好办法。但俗话说，银行是"晴天借伞，雨天收伞"，企业一旦有危机，银行就很无情。因此，企业必须在任何时候都要靠自己的力量保证不挨雨淋。

　　同时现代社会技术革新日新月异，在很短时期内，事业环境就可能发生巨大变化，要在这样的背景下持续推进事业，就要将必要的资金，在必要的时间，投入到研发和新设备投资。

　　因此，经营者必须保留充裕的自有资金，才能根据需要加以使用。为达此目的，企业除了积累雄厚的内部留存外，别无他法。也就是说，必须提高企业的自有资本的比例，这是衡量企业稳定性的重要指标。

前面谈到，日本企业大多倾向于以向银行借贷的方式经营企业，不是累积自己的利润，以自己的钱来经营，而是考虑向银行贷款。他们认为，与其获利后交税和分红，借钱付利息反而能节税，这样做好处多多。

但是，以借贷方式筹措资金，会受到市场利率、资金供需变动，以及政府、金融机构政策方针的影响，在开拓新事业或扩大生产设备的投资上，往往因此而错失良机。

处于这样的理由，自创业后不久，我经营企业就下功夫尽量增加手头的现金。其结果，不仅让京瓷成了具备高收益体质的企业，而且很早就实现了无贷款经营。

再则，努力实践以现金为基础的经营，身边有了充裕的资金，那么当新的商业机会来临时，就能果断出手，在推进新事业中占据优势。

可见，"以现金为基础的经营"不仅可以给企业经营带来稳定性，而且还可以构筑企业持续发展的基盘，所以这是一条基本原则。

2. 一一对应的原则

所谓"一一对应的原则",就是物品和现金流动必须开票,票据随物品和现金一起流动。公司内彻底实行"一一对应的原则",一张张票据上的数字累加起来,就成了公司的整体业绩,企业会计就表达了公司的真实状况。我意识到这一原则的重要性,是出于以下经验。

京瓷创建后第三年,即 1962 年,我第一次去美国。当时的日本,精密陶瓷的市场很小,我很想把精密陶瓷的产品卖到美国去,在那里,最尖端的电子和半导体产业的发展方兴未艾。

最初竭尽辛劳却拿不到任何订单,到 1968 年,我们在后来成了半导体产业发祥地的硅谷附近设立了销售据点,开始了销售活动。当时我派遣海外经验丰富的贸易部长,加上一名刚进公司的年轻员工,赴美国长驻。

当时的这位新员工后来成了京瓷的副社长,全面负责海外有关业务,工作得很出色。但他出身于理工科,当时既不会讲英语,也没有会计知识。于是,我委托当地日裔第二代的注册会计师指导财务工作。这位新员工负责处理票据等工作，他很用功，但他学得不顺利，很辛苦。

因此，我去美国出差时，曾邀他一起去旧金山郊外的斯坦福尼亚大学图书馆学习财务。那里的书架上不仅陈列着难读的专业会计书籍，还有教授零售店店主记账方法的通俗读物。当时我想，美国果然是一个讲究实学实用的国家。现在我还记得我们俩人从基础开始自学会计的情形。

美国的业务不久便顺利展开。正好硅谷半导体产业处于勃兴期，来自半导体厂家的订单快速增加。这位新员工从营销活动、发订单、交货管理，到财务会计，一个人处理得井井有条，他像超人一样工作。

正在这时我又去了美国。他把表述业绩变化的会计资料给我看，兴奋地向我报告："社长，公司增长顺利。"看半年期的报表，销售额、利润确实都增长了，但月度结算却很不平衡，有时赤字很大，有时盈利很多，经常出现或高或低的情况。

我问道："出现这种情况不正常吧，这个月卖这么多，有这么大的赤字，下个月销售额相同，却有这么大的盈利，这究竟是怎么回事？"

　　但他却说："我们是按注册会计师的意见处理的，结果确实如此。"于是我认真核查了具体内容，不出所料，"一一对应的原则"并没有实行。实际的处理过程是这样的：在客户的催促下，产品从日本空运到美国，一到机场，这位新员工就急忙送到客户那里，并当场开出销售票据。但是，从日本京瓷发给当地的出货凭证"装箱单"却要经由银行推迟一个星期后才能到达美国，到时他才能据此计算进货成本。于是，他卖出的产品只有销售发票而来不及开进货发票，所以凡是月底从日本大批进货后送交客户，这个月的销售额就发生了，报表上就出现大幅利润。一星期后一开进货发票，又出现大幅赤字。这样，月度盈亏波动就很大。

　　我指出这个问题，要求彻底实行"一一对应的原则"。就是说，进货时一定要开进货票据，作为对日本总公司的应付款记入成本。等装箱单来后，再和进货发票对冲，将应付款转为应付银行债务。就这两点，我向他做了具体的指示。

　　不管每项交易处理得如何正确，但如果处理时没有一一对应，经营资料就不能反映实际情况，就有可能将公司导向错误的方向。

有关在美国的会计处理事宜，有如下一则逸事。

京瓷在准备股票上市时，我们请人介绍了一位注册会计师。我正要去拜访，他倒先来了电话："我要看看你是怎样的经营者，才能决定是否接受委托。你委托我，我很荣幸，但接受还是不接受，要看了委托人的人品才能决定。"

与这位注册会计师见面后，他的话就更苛刻了。"有的经营者会对审计师说：'这么一点就不要计较了，这样妥协一下不就行了嘛，不要太死板了。'我决不和这种人合作。经营者必须光明正大，如果不以正确的方式做正确的事，我就不接受他的委托。你能同意我的观点吗？"

我马上表示同意。"好！我的人生观与你相同，你的想法正合我意。"不料他又说道："开始时这种漂亮话每个人都会说。现在公司形势好，当然会这么说，当经营遭遇困难，状况不好时，肯定要我出主意想办法。"

这位会计师真是够顽固的。我说："我是一个光明正大的人，请你相信我。"你来我往，交锋的结果是，他终于同意做我们的审计师了。

但直到京瓷决定上市时，这位注册会计师还是不放心，他唠叨说："一个风险企业，这么快就要上市，公司内部的管理系统没有整合好，公司各个方面应该有各种问题。"他最初的工作是检查我们公司的内部管理。他首先选择我们关注不及的海外分公司，就是刚才提到的在美国的销售据点，他专程去了一趟。

到那儿一看，只有一位理工科出身的年轻人，连英语都说不好，却从营销到财务单肩独挑。这位注册会计师心想，这里一定问题不少。

然而他一查，所有票据都按一一对应的原则处理。打开存放现金存款的小保险柜，将现金和账簿对照，分文不差。这位注册会计师极为惊讶，从此对京瓷的会计系统全面信赖，刮目相看。

这条"一一对应的原则"必须在企业活动的每个瞬间都贯彻实行。

例如，出货给客户时，必须开出货单，计算销售额，然后作为应收货款管理，一直跟踪到回收货款为止。委托运输业者送货，或者销售人员直接给客户送货上门，手续都一样。

京瓷创建之初，有许多客户是企业的研究所或公共研究机构。那些机构的研究人员对我们提出要求："想做这项实验，特别紧急，希望用新型陶瓷做这样的零件。"我们为此做过各种各样的产品，有时，虽然都约定了交货期，但依据客户的实验进度，客户急着在约定的交货期前要货。这种情况也不鲜见。

这时即使是深夜，销售人员也会匆匆忙忙将产品送去，放下后就回来。虽然销售人员想着"明天开票"，但无意中因为繁忙而忘记了。

一到月底，生产部门就会追问："那产品怎么处理的，什么时候记入销售额？"销售人员慌忙赶到客户处，可客户却弄不清这产品用到哪里了，确认不了，结果货款拿不到。曾经发生过这样的情况。

因此，我构建了这种一一对应的体制，不管什么场合，不开票据，物品不允许流动。这点在今后企业推进IT化时也一样。如果现场不遵守这条单纯的原则，由电脑统计出的数字就毫无意义。

同时，物品流动、金钱流动，全部要一对一处理。这件事看起来似乎单纯至极，但它对保证企业健康运行具有重大意义。这一点，只要看看在企业经营中，这些年来层出不穷的违规处理、舞弊丑闻，就不难理解了。

例如，与客户串通，到了期末先开出虚假的销售发票，到下期期初做退货处理，以便对上账。这种做法横行的结果，不仅让人看不到经营的实况，而且使公司内部的经营管理形同虚设，组织的道德水准大幅下滑。这样的企业不可能持续发展。

现在，中国经济在世界经济中发挥着极其重要的作用。人们都期待中国企业现在能够建立起健全的会计制度。为了实现健全的会计制度，在公司内部确立这个"一一对应的原则"非常重要。

"一一对应的原则"的本质在于"彻底遵守规则"。从最高领导人起，所有人毫无例外，彻底遵守"一一对应的原则"，就能将企业内部的舞弊防患于未然，还能提升企业的道德水准，增强员工对企业的信任度。

通过一一对应的原则，企业各部门都贯彻光明正大的作风，只有这样的企业在现代的全球化经济中，才能走上持续发展的轨道。

3. 筋肉坚实的原则

企业的发展必须能够长期持续。为此，经营者必须塑造一个没有赘肉的、筋肉坚实的企业，这就叫"筋肉坚实的经营"。

对公司而言，所谓"筋肉"是什么？就是"人""物""钱""设备"这些能产生销售额和利润的资产。另一方面，不能产生销售额和利润的多余资产，比如卖不掉的库存、过剩的设备，就是赘肉。彻底剥离这些多余无用的资产，最大限度地发挥有效资产的作用，就可以塑造长期持续发展的"筋肉型"企业体质。

为了实现"筋肉坚实的经营"，我采取了各种具体措施。

京瓷创立初期，资金不足，凡事节俭。办公室的桌椅不买新品，而去买二手的便宜的家具。别的公司搬家，往往将一直使用的东西廉价处理，卖出的价格只有新品的几分之一，我们就只买这些半新半旧的东西。

购买生产设备也秉承同样的宗旨。现场的技术人员总想引进新设备，我却总是坚持："机械设备，如果二手货顶用，就用二手货。"即使有性能优良的新机器，也不允许轻易购买。我总是教育部下，要千方百计，钻研改进，把现有设备用好。

创业后不久，我访问美国，并有机会参观作为竞争对手的美国陶瓷企业。那里整整齐齐排列着最新的德国制造的先进冲压机械，机械的运动富有节奏感。当时的京瓷动脑筋使用自己设计、手工制造的冲压土设备，操作起来十分费力。

参观最先进的工厂，但当我询问："一台机器要多少钱"时，车间主任说了一个让我目瞪口呆的价格。这时我立即思索："这么昂贵的机器，一分钟究竟能生产出几个产品呢？京瓷用自制的土设备，效率是它的一半，价格只是它的几十分之一，从设备投资效率来比较，京瓷的自制设备更划算，可以胜过它们。"

进行设备投资，确实可以提高生产效率，或许还可以获得使用尖端技术的满足感。但是实际上，这么做经营效率未必能够提升。

工程师、企业经营者，往往想要最先进、最尖端的设备，他们容易陷入一种迷信，就是如果不购入这种设备，就会在竞争中失败。

所以必须让他们充分理解：引进这类设备，将大幅增加固定费用，弱化企业的经营体质。包括引进二手设备，要对费用和成本进行充分研讨，尽可能压缩固定费用。这样即使销售收入有所减少，也不会影响企业的稳定，可以塑造高收益的经营体质。

另外，我反对投机。只有额头流汗得到的利润才有价值。对我而言，所谓投资，就是投下必要的资金，通过自己额头流汗、辛勤工作获取利润，而非不劳而获。在我的会计学中，没有丝毫依靠投机一攫千金的想法。

例如，在运用剩余资金时，保本是大原则。我对土地和金融产品的投机性投资一概不做。日本企业在土地和股票飞涨的泡沫经济时代，所谓"理财工学"，就是财务部门将资金用于投机，这样的事例很多。

但是，泡沫经济破灭后，这些企业大多蒙受了重大损失。我们京瓷不追求投机获利，而是把力量倾注在企业本来应该从事的活动上，就是如何向社会提供新的价值，作为"汗水的结晶"，增加企业的利润。

企业的使命，是通过富有创造性的活动，孕育新的价值，为人类社会的进步发展做出贡献。作为这种活动的成果获得的利润，我称为"额头流汗换来的利润"，这才是企业应该追求的真正的利润。

同时，将这样得来的光明正大的利润一点一点储存起来，那么不管出现怎样的萧条，企业都能不动如山，就可以把企业打造成理想的筋肉坚实的企业。

还有，"筋肉坚实的经营"，在物品采购时，就是"即用即买"原则。所谓"即用即买"，就是"必要的东西，在必要的时候，只购入必要的量"。一般而言，人们常认为原材料和消耗品等一次性大量采购可以便宜，而且价格变化快的东西应趁便宜一齐购入。我对此持否定意见。

为什么？因为东西买多了，人们无意中用的时候就会浪费。另外，管理大量物品既麻烦又花成本。还有，由于市场变化，产品的规格设计变了，库存的原料可能变得毫无用处。

如果"即用即买"，手头只有必要的数量，用起来就会节约、珍惜。不仅如此，多余的管理费用不需要了，还能灵活应对市场的变化。

"即用即买"原则现在已被许多企业所采用，这与"看板管理"方式是一致的。京瓷自创业不久，即50多年前就开始贯彻这一方针，实现了"筋肉坚实的经营"。

4. 完美主义的原则

排除含糊和妥协，所有工作都要追求完美。不管是研发还是生产现场，些微的差错就可能导致失败和不良品的发生，所以对工作必须要求完美。

但是，在间接事务部门做资料时，许多人认为，稍微出点差错在所难免，差错可以用橡皮擦去。但无论是投资计划还是核算管理，基础数字哪怕略有错误，都可能导致经营判断失误。所以，管理部门、销售部门，特别是财务部门，都必须贯彻完美主义。

我经常要求会计人员向我解释月度财务报表上不明确的地方。这时，如果发现财务资料上有错误，我就会严厉地批评他们。当时的财务部长回忆说："如果没将资料认真审核就交给社长，他肯定要严格核对有关的内容。他的提问常常让我们很狼狈，他会严厉地追究责任。为了万无一失，我们事先认真准备，多方确认，再向他提交资料，这时他只是简单地听听说明，不提问题，反而让我们感到失望。"

当我认真审阅资料时，不知道为什么，数字间的矛盾或不对头的数字会扑入我的眼帘，那些错误的数字，有问题的数字，就像求救似地自己跳出来。相反，如果所提供的资料，其中的数字经过充分确认，那么不管我怎么细看也找不出问题。

对经营负有责任的各级领导人，如果亲自把贯彻完美主义铭刻于心，认真做事，那么就会敏锐地发现资料中的错误，发现不合逻辑的数字和矛盾的地方。领导人这样认真审核的话，做资料的人自然而然地也会追求完美主义。

经营者自己率先垂范，认真专注，让"完美主义"成为习惯，完美主义就会渗透到整个公司。

不仅是做经营资料时要求完美主义，而且企业在努力完成目标时，必须要求全体员工一起贯彻"完美主义"。例如，在京瓷，针对销售和利润计划的完成情况，不认同如下的论调："虽然没能达到100%，但也完成了95%，这次就谅解吧。"

对于销售、利润以至研发工作的进度，对于工作的全部、全过程，都必须贯彻完美主义。

不用说，贯彻了这种完美主义的企业，就能够适应任何形式的经济变动，推进企业成长发展。

5. 双重确认的原则

所有的票据处理和进出款项处理都有两个以上的

人来做。

贯彻双重确认的原则不仅是发现和防止差错的有效手段，严格遵守这项原则还有一个目的，就是塑造一个珍惜人的职场环境。

人有脆弱的一面，偶然的一念之差，就会犯下过错。注意到人心脆弱的一面，为了保护员工，所有的会计处理都要有复数的人进行，这种"双重确认的原则"是有效的。

这已经是十多年前的事情。1995 年，日本一家有名的城市银行的纽约分行有一名职员，从事美国国债的账外交易，在长达 11 年期间，给公司造成了 1100 亿日元的巨额损失。这个事件被揭发以后，这家银行不仅被迫从美国撤出，而且后来不得不被其他银行合并，现在已不复存在。

在区区一个银行职员身上发生的事件究竟为什么会成为导火线，引发历史悠久的大银行的崩溃呢？就是因为缺乏"双重确认"的制度，或者虽有制度却没能严格遵守。让两个以上的人和部门互相审核、互相确认，由此推进工作。若存在这样一个严格的制度，对员工犯罪就可以防患于未然，同时还可以塑造出一种具有紧张感的、生机勃勃的职场氛围，促使企业长期持续发展。

双重确认的要点是在日常的业务中，构建具体的双重确认的系统。为此，自京瓷创建以来，针对各种事项，我一一制定了具体的管理办法。说起来有点烦琐，但为便于理解，我想举出具体的事例，来说明双重确认的管理方法。

首先，管理进出款项。原则是：管钱的人和开票的人必须分开。小公司里，常常是社长亲自开具付款票据，并且自己支出现金。这样做即便没有恶意但可以随心所欲，这就谈不上严密的管理。为了防止这类情况，开票人和管钱人必须分开。到银行存钱，买材料付款，支付劳务费，或者支付其他费用，付款人和开票人必须分开。

收款时，不能因为账户上有钱入账，管钱的人就可以开进款票据。管钱入账的人要与那笔收入有关的部门联系，请该部门明确进款的具体内容并开具票据，然后进行入账处理。就是说，开票的人和管钱的人绝对要分开，这就是双重确认的原则。

处理小笔现金时，每天结束时合计的现金余额，和由票据做成的余额表相一致，这是理所当然的。但是，不是在最后合计时让两者相一致，而是必须在每一个时点，现金动，票据也动，两者相一致。为此，在上班时间，必须由现金出纳担当者以外的人，以适当的频度，对现金余额和票据进行确认。

公司印章的管理也基于同样的思考。印章箱有两层，外箱是手提保险箱，内箱是小型印章箱。管理内箱钥匙的人，即是盖章的人，外箱钥匙另有他人管理，两者可以互相确认。保险箱的管理也一样。保险箱有两把钥匙要由两个人来开锁。即使上班时间内，保险箱也要上锁，包括朝晚定期开锁在内，凡有必要开锁时，都必须有人见证，从保险箱进出钱物必须由复数的人在场。

在购买物品或服务时，双重确认制度也必不可少。要求购买的部门必须向采购部门开具委托购买的票据，请采购人员发出订单。禁止要求购买的部门直接打电话联系供应商，交涉价格和交货期。按公司正规的采购程序采购，可以将采购过程中与供应商相勾结等问题防患于未然，这时基于双重确认的管理体系必不可缺，此外，可以确保向供应商支付货款。

还有，公司内的自动售货机和公用电话的现金回收也要严格管理。因为金额小，人们往往不加注意。一次所收金额微不足道，但日积月累，金额就不小。更重要的是，正如中国古代的韩非子所言："千里之堤，溃于蚁穴。"看起来似乎微小的事情也不能疏忽，这点很重要。

双重确认的原则，无关金额的大小和事情的轻重，必须彻底遵守，这是铁则。乍看都是理所当然的事，但正是理所当然的事，要切实遵守，实际上很难。只发指示并不能保证彻底贯彻，所以领导人必须亲临现场，检查制度落实的情况。只有反复确认检查，双重确认的原则才能在公司内固定、扎根。但是，最重要的是，这种双重确认制度的根底，是决不让员工有犯罪的机会，这体现了经营者诚挚的关爱之心，正因为经营者具备了这种对员工的好意善念，双重确认的原则才能在公司内实践推广，为大家所共有。

6. 提高核算效益的原则

对于企业而言，提高自身的核算效益是重大使命。为提高核算效益，在京瓷创业后不久，我就采用了叫作"阿米巴经营"的小组织独立核算制度。那是因为随着企业的快速发展，把逐渐肥大化的组织划小，这样就能够以各个小组织为主体开展事业。

随着事业的进展，组织可以自由地变更，因此用原始生物阿米巴（变形虫）做比喻。每个阿米巴分别作为利润中心运行，像一个中小企业那样活动。该阿米巴的经营计划、业绩管理、劳务管理等所有经营上的事情，基本上都委托阿米巴长运作。

从这个意义上说，所谓"阿米巴经营"是以阿米巴长为中心，每位员工对自己的目标都能清楚把握，都在各自的岗位上，能够为达成目标而主动地不懈努力。这正是全员参与的经营模式。

"阿米巴经营"与"京瓷会计学"，作为两个轮子，成为京瓷经营管理体系的根干。

京瓷的经营可比喻为一间坚固的房子：京瓷的经营哲学是地基，会计学和阿米巴是在这地基之上支撑房子的两根柱子。

有关京瓷的"阿米巴经营"，上个月（9月）在广州的报告会上我已做了详细的说明。在这里，我只讲"阿米巴经营"与会计学密切关联的部分，就是在提高核算效益中的重要作用，即"单位时间核算制度"。

按一般的思维，要增加销售，就要按比例增加费用。但我认为并非如此，在使用各方面的智慧和创意增加销售的同时，不断彻底地削减费用，这就是经营的大原则。

所谓单位时间核算，是为了实现"销售最大化、经费最小化"这一经营大原则，从销售额减去费用后的"结算余额"这一概念出发的。这个"结算余额"在经济学术语中称为"附加值"。

企业要提高核算效益必须提高附加值。为了让员工尽可能便于理解这个附加值，我就以每小时为单位计算附加值，称为"单位时间"，把它作为提高生产效率的指标。

在单位时间核算制度中，不采用复杂的成本计算，而采用让阿米巴全员对自己部门的核算都容易理解的方式，这样的指标都记入"单位时间核算表"中，所有的阿米巴每月制作这样的核算表。

在一般的企业里，基层的员工对自己部门实现了多少销售额和利润并不清楚，当然对产生了多少附加值也一无所知。在这样的企业里，要让员工主动地去努力提高核算效益，当然不可能。

但在京瓷，由于采用"阿米巴经营"模式和"单位时间核算制度"，员工们，即使是刚进公司不久的新员工，也能切实掌握自己所在部门的经营目标和完成情况，明确地理解为了提高核算效益，现在自己必须干什么。

这也是京瓷之所以能实现高收益的企业体质的一大要因。

7. 玻璃般透明的经营原则

自京瓷创建以来，我一贯注重"以心为本"的经营。我认为，为了构建与员工相互信赖的关系，经营必须"透明"。

为此，根据企业周围的环境，现在领导人在思考什么，瞄准的目标是什么，要正确地传递给员工，这是很重要的。公司的现状、遭遇的课题、应该瞄准的方向，让员工确切地知晓，就能将每位员工的力量凝聚起来，形成公司的合力。否则，就不可能克服困难，不可能达成高目标。

另外，现在订单有多少，与计划相比差多少，产生了多少利润，利润是怎么使用的等，有关公司的处境状况，不仅要让干部知道，而且也要让基层员工都能一目了然。这也是实行"玻璃般透明的经营"的一个方面。

实行"玻璃般透明的经营"还有一点很重要，就是领导人必须率先垂范，光明正大。决不允许领导人将企业的公款私用，或者乱花招待费。如果出现这种事情就会招致员工的叛离，道德的崩溃会像野火般蔓延，以至于动摇企业经营的根本。

从这个意义上说，会计所起的作用极大。企业会计如果根据玻璃般透明的经营原则，构建起光明正大的管理体制，就能防止人为的舞弊行为。万一发生这样的行为，也能把它控制在最小的范围之内。

这样的财务体制绝非是复杂的东西。追求作为人普遍正确的原则，以这种经营哲学为基础，贯彻"玻璃般透明的经营"，在公司内形成"通风良好"的职场，能否做到这些才是重要的。这种有关会计的思维方式和体制，不单用在防止企业内舞弊的发生上，而且对企业的健康发展也是必不可少的。没有这样的会计体制，不管有多么优秀的技术能力、多么充裕的资金，要让企业长期持续发展仍然是困难的。

我认为，京瓷之所以没有走弯路，顺利发展至今，就是因为以正确而坚定的经营哲学为基础，明确了会计的思维方式，构建了有效的会计体制，确立了光明正大的企业风气。

以上所说，就是我所思考的有关企业会计的七项原则。

坚实的经营管理体制促进企业进一步发展

在日本，有些快速成长发展的风险企业突然破产，那是因为在没有确立企业会计原则和体制的情况下，企业组织和销售规模迅速扩大的缘故。另外，历史悠久的大企业，经营恶化，由粉饰决算、做假账为导火线而导致崩溃的例子也不在少数，这也是因为企业内部忽视了会计原则的结果。

只要确立上述经营管理体制，就能正确表达看起来复杂的企业经营的实态，对经营做出贡献。同时能够树立严肃的、光明正大的企业风气。

要做到这些，并不需要专业的会计知识和经验，只需要我刚才所讲的大家都能理解的简单明了的原则就行。正因为如此，这些原则可以为企业广大员工共同拥有、共同实践。

中国经济获得了巨大的发展，现在（2011年）已成为世界第二大经济体，今后中国的影响力还会进一步扩大。我认为，在这过程中，应该在经济发展中发挥核心作用的中国的经营者，你们现在追求的应该是确立更加坚实的企业经营的管理体制。

在充满热情的企业家精神之上，如果再在企业内部确立我今天所讲的会计学、以及管理会计的体制，那么我坚信，不管今后遭遇什么经济变动，中国的企业都一定能继续成长发展。而且，中国将会因此作为称冠全球的经济大国，长存于世。

我今天的讲演，如果能够成为一种契机，让在座各位实现上述卓越的企业经营，我将感到十分荣幸。在讲演结束之时，我衷心祝愿在座的企业经营者不断进步发展，祝愿增长中的中国越来越繁荣。

要　点

经营的基础归根结底要靠手头的现金，不是会计报表上有利润就可以安心了。经营企业必须经常考虑"赚到的钱哪里去了"，要增加手头的现金。

○

在企业环境剧烈变化之中，为了持续推进事业，就要将必要的资金，在必要的时间，投入研发和新设备投资上。因此，经营者必须保留充裕的自有资金，才能根据需要加以使用。也就是说，企业除了积累雄厚的内部留存外，别无他法。

○

努力实践以现金为基础的经营，身边有了充裕的资金，那么当新的商业机会来临时，就能果断出手，在推进新事业中占据优势。

○

公司内彻底实行"一一对应的原则"，一张张票据上的数字累加起来，就成了公司的整体业绩，企业会计就表达了公司的真实状况。

○

不管什么场合，不开票据，物品不允许流动。我构建了这种一一对应的体制。如果现场不遵守这条单纯的原则，由电脑统计出的数字就毫无意义。

○

物品流动、现金流动，全部要一对一处理。这件事看起来似乎单纯至极，但它对保证企业健康运行具有重大意义。这一点，只要看看在企业经营中，这些年来层出不穷的违规处理、舞弊丑闻，就不难理解了。

○

"一一对应的原则"的本质在于"彻底遵守规则"。从最高领导人起，所有人毫无例外，彻底遵守一一对应的原则，就能将企业内部的舞弊防患于未然，还能提升企业的道德水准，增强员工对企业的信任度。

○

企业的发展必须长期持续。为此，经营者必须塑造一个没有赘肉的、筋肉坚实的企业。

○

对公司而言，所谓"筋肉"是什么？就是"人""物""钱""设备"这些能产生销售额和利润的资产。另一方面，不能产生销售额和利润的多余资产，比如卖不掉的库存、过剩的设备，就是赘肉。彻底剥离这些多余无用的资产，最大限度地发挥有效资产的作用，就可以塑造长期持续发展的"筋肉型"企业体质。

○

进行设备投资，确实可以提高生产效率，或许还可以获得使用尖端技术的满足感。但是实际上，这么做经营效率未必能够提升。

○

我反对投机。只有额头流汗得到的利润才有价值。对我而言，所谓投资，就是投下必要的资金，通过自己额头流汗、辛勤工作获取利润，而非不劳而获。在我的会计学中，没有丝毫依靠投机一攫千金的想法。

○

企业的使命，是通过富有创造性的活动，孕育新的价值，为人类社会的进步发展做出贡献。作为这种活动的成果获得的利润，我称为"额头流汗换来的利润"，这才是企业应该追求的真正的利润。同时，将这样得来的光明正大的利润一点一点储存起来，那么不管出现怎样的萧条，企业都能不动如山，就可以把企业打造成理想的筋肉坚实的企业。

○

对经营负有责任的各级领导人，如果亲自把贯彻完美主义铭刻于心，极度认真做事，那么就会敏锐地发现资料中的错误，发现不合逻辑的数字和矛盾的地方。领导人这样认真审核的话，做资料的人自然而然地也会追求完美主义。

○

针对销售和利润计划的完成情况，不应认同如下的论调："虽然没能达到 100%，但也完成了 95%，这次就谅解吧。"对于销售、利润以至研发工作的进度，对于工作的全部、全过程，都要求必须贯彻完美主义。

○

人有脆弱的一面，偶然的一念之差，就会犯下过错。注意到人心脆弱的一面，为了保护员工，所有的会计处理都要有复数的人进行，这种"双重确认的原则"是有效的。

○

让两个以上的人和部门互相审核、互相确认，由此推进工作。若存在这样一个严格的制度，对员工犯罪就可以防患于未然，同时还可以塑造出一种具有紧张感的、生机勃勃的职场氛围，促使企业长期持续发展。

○

按一般的思维，要增加销售，就要按比例增加费用。但我认为并非如此，在利用各方面的智慧和创意增加销售的同时，不断彻底地削减费用，这就是经营的大原则。

○

根据企业周围的环境，现在领导人在思考什么，瞄准的目标是什么，要正确地传递给员工，这是很重要的。公司的现状、遭遇的课题、应该瞄准的方向，让员工确切地知晓，将每位员工的力量凝聚起来，就能形成公司的合力。否则，就不可能克服困难，不可能达成高目标。

○

实行"玻璃般透明的经营"有一点很重要，就是领导人必须率先垂范，光明正大。决不允许领导人将企业的公款私用，或者乱花招待费。如果出现这种事情就会招致员工的叛离，道德的崩溃会像野火般蔓延，以至于动摇企业经营的根本。

〇

快速成长发展的风险企业突然破产，那是因为在没有确立企业会计原则和体制的情况下，企业组织和销售规模迅速扩大的缘故。另外，历史悠久的大企业，经营恶化，由粉饰决算、做假账为导火线而导致崩溃的例子也不在少数，这也是因为企业内部忽视了会计原则的结果。

领导人的资质

在稻盛和夫经营哲学重庆报告会上的讲演

——2012 年 6 月 3 日

　　"稻盛和夫（北京）管理顾问有限公司"主办的第五次报告会在重庆市召开。重庆是与北京、天津、上海并列的中国直辖市。稻盛以"领导人的资质"为题，阐述了在美国西部大开发时期篷马车队队长身上体现的领导人的五项条件。

站在企业活动前头的领导人应有的姿态

从前年起，我就开始努力，希望在这个经营哲学报告会上，将自己在长达半个世纪的经营实践中所体悟到的经营的思想和方法系统地告诉中国企业家。

从北京报告会上"经营为什么需要哲学"的讲演开始，在青岛讲了"经营十二条"，在广州讲了"阿米巴经营"，在大连讲了"京瓷会计学"。

通过这几次讲演，对于在企业经营中哲学的重要性、经营的原理原则，以及有关经营管理的思维方式和组织架构，我想大家已经有所理解。

但是，不管揭示了多么高尚的经营哲学，不管构建了多么精致的管理体制，这样的哲学和体制能不能正确运用，可以说完全取决于企业的领导人。

因此，我今天的讲演题目就定为"领导人的资质"。我想讲一讲站在企业活动最前线、努力奋斗的领导人应该具有的理想的姿态。

篷马车队队长所体现的领导人的五个要件

当我思考理想领导人的应有状态时，在我头脑里立即浮现出来的形象，就是美国西部大开发时期出场的篷马车队队长。例如，由约翰·韦恩出演的西部片中出现的车队队长，我认为在他身上清晰地体现出了领导人应有的风采。

大家知道，篷马车队从北美大陆东部出发，以人迹未至的西部为目的地，组织队伍，经历数月甚至一年多的大迁徙。在路途中遭遇无数的困难和灾害，据说，有不少车队在中途便遭遇了挫折和失败。

掌握篷马车队命运的就是作为领导人的车队队长。只有发挥了卓越领导力的队长率领的车队才能到达西部的目的地。

现在的微软和苹果等公司都位于美国西海岸，席卷全球的 IT 产业的繁荣，乃是当年篷马车队功绩的延续。从这个意义上讲，正是篷马车队奠定了美国发展的基石，我认为这么说并不过分。

这些篷马车队队长所显示的领导人的风貌，同我一直以来作为"哲学"，通过著作和讲演向大家诉说的内容完全一致。我认为这就是领导人必须具备的资质。

因此，今天我想一边回顾篷马车队队长的事迹，一边来讲述领导人应有的资质和要件。

那么篷马车队队长发挥出的领导人的优秀资质是什么呢？我认为可以归纳为以下五点：

（1）"具备使命感"。

（2）"明确地描述目标并实现目标"。

（3）"挑战新事物"。

（4）"获得众人的信任和尊敬"。

（5）"抱有关爱之心"。

1. 具备使命感

首先，"具备使命感"，也就是具备所谓的"mission"。我认为，正是因为篷马车队队长具备了百折不挠的、强烈的使命感，才能克服路途中的千难万苦，向着西部挺进。

我想缅怀美国建国之初的光景。

当初，登上北美大陆东海岸的移民，其中多数来自英国等欧洲国家的贫困阶层。为了追求富裕的生活，他们希望开辟新天地，他们甘冒风险，赤手空拳从大西洋不断向西进发。虽然其中也有宗教信仰的问题，但根本上是他们追求富裕生活的强烈愿望。正是这些人成了美国建国的先驱。19世纪中叶兴起的西部大开发，是这些先驱者开拓精神的延续。

也就是说，移民以及继承了他们血统的后裔，企求通过获得财富来实现幸福，因而他们要开辟新天地，创建自己的"乐园"。他们怀着强烈的愿望，描绘希望和梦想，乘上带篷马车，组成队伍，向着新的疆土开拓前进。站在阵头指挥的，就是篷马车队的队长。

美国的西部大开发，在其根源上，是人们追求富裕的愿望，而篷马车队队长便处于这种强烈愿望的顶点。

实现团队的幸福就是大义名分

在现代的商业世界里也是一样。以企业经营者为代表的各种集团的领导人，也像篷马车队队长一样，心怀强烈的愿望。然而重要的是，如果篷马车队队长的强烈欲望中充满私利私欲，结果将会怎样呢？

我想，恐怕他们得不到周围人的协助，团队四分五裂，结果是不可能达到梦寐以求的新天地。

要率领团队前进，开始只是强烈的愿望也无妨。但我认为，同时大义名分也会成为必不可少的要素。如果没有"我们是为着如此崇高的目的而工作"这样的大义名分，也就是没有"使命"的话，要把众多人的力量凝聚起来，将他们具备的力量最大限度地发挥出来，是根本不可能的。

例如，在京瓷就有全体员工共有的经营理念："在追求全体员工物质和精神两方面幸福的同时，为人类社会的进步和发展做出贡献。"下面我想讲一讲制定这一经营理念的过程。

京瓷最初是以"稻盛和夫的技术问世"为目的而创立的公司。也就是说，当时创办企业的动机是我作为技术工作者的强烈愿望。

但在创业的第三年，前一年录用的新员工向我提出集体交涉，要我承诺他们提出的待遇方面的要求："连续多年，每年工资涨多少，奖金发多少。"

经三天三夜的交涉，他们最终撤回了那些要求，留在了公司。但是，由于员工的这次反叛，我的技术问世这一京瓷公司最初的创立目的，在一瞬间便烟消云散了。

也就是说，企业的存在目的并不是为了实现经营者个人的愿望或欲望，而是为了保证员工们现在和将来的生活。我从内心深处理解了这一点。

实现技术工作者的理想，这一目的被击碎了，公司的目的变成了保障员工的生活。这样的转变让我感觉到一丝失落和寂寞，但这却是我一整夜苦苦思索的结果。这样，我就把"追求全体员工物质和精神两方面幸福"作为京瓷的经营理念。同时，仅仅这一条还不能体现企业的功能，因此我又加上了"为人类社会的进步和发展做出贡献"这一条。

这样的公司目的，员工们都能从内心产生共鸣，他们就会团结一致，为公司的发展竭尽全力，甚至粉身碎骨也在所不辞。同时，也正因为有了这种光明正大的目的和使命，作为领导人的我自己，也可以问心无愧，不受任何牵制，一方面鞭策自己，一方面激励部下，不断将事业向前推进。

像这样，揭示出每个人都能从内心认可的、都可以共同拥有的目的，团队的全体人员就能够团结一致，为"共同实现这一卓越的理念"而努力奋斗。

篷马车队队长也是这样，他们的愿望不仅仅是自己个人"获得富裕",而是要将自己团队的每一个人都平安地送达到西部的新天地。他们一定是抱着无论如何都要实现大家共同幸福这一强烈的"使命感"而率队奋进的。

今天,聚集在这里的企业领导者们,大家创办企业之初,哪怕只有强烈的愿望也无妨,但是为了企业进一步的发展,我希望你们也提出你们团队能够共同拥有的、符合大义名分的、崇高的企业目的,并将它作为企业的"使命"。让自己"具备使命感",并让这种使命感为整个团队所共有,这就是领导人首先必须具备的最基本的要件或者说资质。

2. 明确地描述目标并实现目标

篷马车队队长身上所体现的领导人的第二项重要的要件是"明确地描述目标并实现目标"。

篷马车队从东部出发时,各自确定了到达美国广阔的西部大地上时的目标,这要求队长把全队成员安全地带领到这个目的地。但是,那是连地图也没有的、人迹未至的土地。篷马车队前行的道路上充满着艰难险阻:险峻的山岭和连绵的沙漠阻挡着去路;会遭遇狼群和美洲狮等猛兽的袭击;同时还要同原住民印第安人作战。

面对这重重困难而决不迷失和放弃目标，叱咤激励车队成员，率领团队达至目的地，这就是篷马车队队长的任务。

"明确目标，无论碰到什么困难都要实现目标"，这是企业领导人也必须具备的资质。在这里，首先遇到的问题是究竟该设定怎样的目标。

提出过高的目标，大家会觉得不可能完成，就不会真挚地付出努力；相反，提出的目标过低，很容易就能达成，大家又会觉得自己的能力被低估了，因而会漠视这样的目标。这样的团队就很难指望获得更大的成长发展。

设定目标时，首先领导人要找出一个在全体成员都能接受的范围内最高的具体数字，把它作为目标。然后把这个目标分解，让团队全体成员都把它当成自己的目标，大家共同拥有这个目标。为此，这个目标不是一个总的抽象数字，必须分解到每个组织。每个最小单位的组织都要有明确的目标数字，目标必须非常具体，必须成为每位员工的工作指针。

另外，不仅要设定年度目标，还要设定月度目标，这样，自然就能看清每天的目标。如果每个人都能认清每月以及每天的目标，并切实完成这些目标，那么整个团队的年度目标也就能够达成。

这样做，每位成员都能清楚地知道，"自己的目标是什么，对照这一目标，现在已进展到了什么程度"。如果进度落后，自己就可以迅速采取措施迎头赶上。

倾心相告，转移能量

领导人不仅要揭示目标，而且要让大家相信目标一定能够实现，不，目标非实现不可。再进一步，该怎么做才能实现目标，领导人必须就具体方法做出指导。

就是说，目标一旦确定，这个目标数字意味着什么，实现这一目标的意义在哪里，以及如何才能实现该目标的方法论，都必须彻底地向部下交代清楚。

换句话说，自己对事业的思考、自己有关达成目标的想法，都要满腔热情地向部下诉说，谆谆相告，直到职场的每位成员都激情燃烧。

这一作业过程，我称为"能量转移"。

事实上，我从年轻时开始，每当设定目标，追求目标实现时，我都会就该事业的前景、目标如何具体展开、实现目标的社会意义，对部下彻底讲明白。要讲到听者全部接受，我常常感觉筋疲力尽。这好比通过话语，我的能量转移到了对方身上，我自己倒像空壳似的虚脱了。

在座诸位中，有人或许会想："无论我怎么讲，部下没有一个人理解，都是些不可理喻的家伙。"对于这么想的人，我要求他们再一次自问自答："为了让对方理解，接受你的主张，你自己的思考到位了吗？你的话说到对方心里了吗？还有，你究竟倾注了多大的热情向对方传递了你的思想？"

不管领导人揭示了怎样的高目标，目标越高实现就越困难，就越无可能由一个人来完成。领导人应满怀热情对部下诉说事业的意义和实现目标的方法，将部下的士气提升到与自己相同的水平，只有这样，才能集聚全员的力量。只要做到这一点，那么，无论多么困难的目标都可能达成，成功就可能会唾手可得。

部下接受工作指令，答一声"好，知道了！"如果部下的热情是这种程度，那么事情成功的可能性约为30%；如果部下用强有力的口吻说"我们一定尽力干！"那么成功的可能性约为50%；如果领导人将自己的能量注入给部下，让他们感觉到"这是我们自己的事业"，那么这项工作就有 90% 的概率获得成功。我就是这么考虑的。

在我赤手空拳创建的京瓷，在所有的经营资源都缺乏的情况之下，能接二连三地开发出新产品，并谋划多元化，将公司发展到今天这个规模，就是京瓷的许多领导人接受了我转移过去的能量，燃起自身的热情，再将这种热情传递到整个公司，一次接一次不断实现高目标所带来的结果。

领导人以坚强的意志实现目标

还有一点，为了实现已经设定的高目标，领导人必须具备坚强的"意志"。

在企业经营中，意料之外的课题和障碍会接踵而来。这时候，如果缺乏坚强的意志，就会以些许的环境变化为借口，很随意地放弃应该达成的目标。

我曾经将下面这句话作为京瓷的经营口号："以渗透到潜意识的、强烈而持久的愿望和热情，去实现自己设定的目标。"我认为，这个口号表明，团队的领导人不管遭遇何种障碍，都要以坚强的意志朝着达成目标的方向奋勇前进，决不妥协，决不停顿。

然而，在经营者当中有这样的人：当目标看来难以实现时，他们立即寻找理由和借口，将目标数字向下调整，甚至将目标全盘取消。

已经制订的经营计划，本来就意味着对员工、股东以及社会做出了承诺。既然是已经承诺的事，却有人以预期之外的经济环境和市场变动为理由，轻易地撤销计划，或将计划中的目标数字向下调整。我认为，应该立即撤换这种意志不坚定、盲目跟着环境转的经营者、领导人。

用经营去"迎合"无法预料的经济变动等外界状况的变化，那么一时向下调整的目标，与接着到来的新的经济变动又不切合，这就不得不再次将目标向下调整。如果持续这么做，不仅目标变得有名无实，而且领导人自己也将丧失集团对他的信任。

同刚才所讲的一样，在座诸位中也许有人认为："不管作为领导人的自己意志多么坚强，但部下却总是跟不上，所以也只好把目标向下调整。"

那么，我又想问一句：作为领导人，在部下面前，你的坚强意志真的由态度和行动表达出来了吗？还是仅仅停留在口头上？换句话说，作为领导人，你自己是不是"付出了不亚于任何人的努力",以至让部下觉得"我们的头儿那么拼命干,我也得助他一臂之力!"

京瓷创业后不久,我常常对员工讲这样的话:"在工作上,我对大家的要求非常严格,但与此同时,无论在时间的长度还是工作的密度上,我工作的努力程度不亚于你们中的任何一位。"

在职场上最辛苦的就是领导人。如果每位部下都目睹了他努力工作的状态,那么他们一定会追随这位领导人。朝着目标达成的方向,领导人具有坚强的意志,发挥出献身的工作精神,勇于"自我牺牲",那么不管处于何种严峻的环境之下,整个团队都能团结一致,朝着目标大步迈进。

"明确地描述目标并实现目标",这是团队领导人最为重要的工作之一。

3. 挑战新事物

领导人必须不断"挑战新事物"。

一部美国西部开拓史就是朝着未开发的土地不断挑战困难的历史,它教给我们挑战是多么重要。我希望大家也能不断地向新课题挑战,开辟未知的领域,成为充满"开拓者精神"的领导人。

在经济环境激剧变动、技术革新飞速发展的今天，如果领导人缺乏独创性，缺乏挑战精神，不能把创造和挑战的精神贯彻到集团中去，那么集团的进步和发展是难以指望的。甘于现状就意味着已经开始退步。

领导人害怕变革，失去挑战精神，就意味着集团开始步入衰退之路。也就是说，领导人不应满足于现状，不断进行变革和创造，能不能做到这一点，将决定集团的命运。这么讲并不过分。

从这个意义上讲，供我们参考的范例，或许稍微偏早了一点，我想就是通用电气公司（GE）的前 CEO 杰克·韦尔奇先生。

大家都知道，GE 现在（2012 年）的年销售额为 1473 亿美元，纯利润为 142 亿美元，员工超过 28 万人，是值得夸耀的全世界屈指可数的巨大企业。应该说，韦尔奇正是给 GE 带来当今繁荣的"中兴之祖"。

1981 年，44 岁的韦尔奇出任 GE 总裁，他最初的举措就是向当时在 GE 蔓延的保守风气开战。

GE 属于爱迪生流派，是创建百年以上富于创新传统的公司，但是随着历史的变迁，挑战新事物的精神已经丧失，公司内充满着恐惧变革的气氛。韦尔奇对此抱有强烈的危机感，他积极开拓新事业，并开展了制度方面的改革。

2001 年韦尔奇来日本的时候，在东京，以他为中心举办了一个午餐会，参会者为数不多，我有幸应邀参加了。在午餐会上，韦尔奇说："我从来没有思考过如何维持企业的生存，我的志向在于不断的变革。今日的 GE 与昨日的 GE 迥然不同。"他说的是，只有不断的变革才能保证企业永续的繁荣。

正如韦尔奇所说，只有变革，只有不断地、反复地进行创造性的活动，企业才能持续成长发展。相反，只想维持现状，墨守成规，就会陷入官僚主义和形式主义的泥潭，企业就会衰落。而处于变革中心位置的，就是企业的领导人。

这样的情况，不只限于具有历史传统的大企业，在今天在座的各位朋友的企业里，你们经营者自己，以及各个部门的领导者，是否被过去老旧的做法束缚，是否失去了向新事物挑战的气概，我希望你们再次予以确认。

例如，有没有在各种形式主义的烦琐手续上花费过多的时间和精力，从而影响了快速决策？有没有忽视年轻人的力量，而使职场失去了活力？有没有只知明哲保身、只看上司脸色行事的倾向？有没有只考虑自己的部门，让本位主义蔓延的情况？

上述的倾向哪怕只有一丁点儿，也必须立即纠正。领导人必须打破流于安逸的心态，创造一种组织风气，无论多么困难，也要不断挑战新的创造性的事物。

我希望大家务必像韦尔奇一样，不害怕变革，描绘出理想，为实现理想亲自站在第一线积极挑战。希望大家成为这样的领导人。

能力要用将来进行时

另外，为了向新事业挑战并取得成功，需要一种思维方式，就是"相信人的无限可能性"。自己持有的能力，不是在现在这个时点上把握，从现在开始，经历磨炼，这种能力会无限进步，要相信这一点。

仅仅根据自己现在的能力，判断"能"还是"不能"，就做不成任何新的事情。从现在时点看，哪怕被认为根本不可能实现的高目标，在未来的某一时点上也会实现它，先做出这样的决定，为了实现它，天天努力，不断提高自己现有的能力。也就是说，"能力要用将来进行时"，这一点非常重要。

获得过"普利策奖"的美国新闻工作者戴维·哈伯斯塔姆在他的著作《下世纪》中，有一章专门介绍我的事情。其中，他引用了我这句话："我们接着要做的事，又是人们认为我们肯定做不成的事。"这句话正体现了京瓷创业以来最宝贵的精神。

创业后不久京瓷生产的产品"U形绝缘体"，是用在电视机显像管里的绝缘零件，京瓷当时只有这一个产品。持续这样的单品生产，经营势必出现危机，因此需要开发新产品，谋求事业的多元化。当时的京瓷却没有这方面的技术积累，因此只好在市场中闯荡，东奔西走，一边听取客户的需求，一边拼命获取订单。

然而，刚刚诞生的小公司，没有客户愿意给我们订单。最后能够成交的，都是别的公司拒绝的、不能做的产品，或者是技术难度过高，或者是价格上做不下来。

就是这样的东西，说一声"我们能做"就接下了订单。但是，没有设备，没有技术，没有人才。从"一无所有"的状态出发，全员共同努力，费尽心血，最终做出产品，如期交货。

但是，一天接一天持续这样的挑战，让京瓷成了这一领域的先驱者，不仅确立了精密陶瓷作为工业材料的重要地位，而且让它发展成为具有几万亿日元规模的产业领域。同时，还以培育的精密陶瓷技术为核心，开展多元化，现在从材料到零部件、机器，以至服务，展开了一个广阔的、宏大的事业。但在事业的根底下，起了关键作用的思维方式，就是"能力要用将来进行时"。

乐观构想、悲观计划、乐观实行

还有一点，向着谁都认为不可能成功的新事物发起挑战，如果有勇无谋就会无果而终。为了避免这种情况，挑战的进程非常重要。作为领导人，我按照"乐观构想、悲观计划、乐观实行"的程序，在创造性的领域内推进工作。

从创业时起，我顺应客户的需求，在新产品开发和新市场开拓方面不断思考新的课题。当我的想法在某种程度上有了归纳以后，我就会召集公司的干部，征求他们的意见。

这时候，有的人眼睛闪闪发光，点头称是；也有人不管我讲得如何热情洋溢，他们照样神情冷漠。后者往往是些名牌大学毕业的很聪明的人。我倾注热情，谆谆相告，期望大家都能点头赞成，但是有的时候，那些态度冷淡的人会突然发言，说我的构想如何缺乏根据，如何脱离实际等。

我只是就隐藏着很大可能性的新的商业项目，谈了大体上的构想，并没有仔细地验证推敲，因为他的否定性意见，让我的热情和现场的气氛迅速冷却。这样一来，有可能开花结果的新商业项目的种子，未经发芽就告终了。这样的情形曾发生过几次。

聪明的人，正因为他们知识丰富但又一知半解，在遇到新课题时，总是在现有的常识范围内判断，得出否定性的结论。有过几次这样的经验之后，我在谈论新的构想时就不找那些头脑聪明的人商量，而是把那些愿意拥护我、能燃起我热情、爽快率真的人聚集起来讨论商谈。这种类型的人，对我谈的课题并无深入理解，却举双手赞成我的设想方案："那很有意思，我们干吧！"这样一来，我的心情格外舒畅，构想越发拓展，梦想变得更为清晰。

我认为，挑战新事物并要获得成功，首先需要乐观地思考，这一点很重要。在成就新事业的过程中，可以预料会遭遇各种各样的困难，正因为如此，在构想阶段，必须抱着梦想和希望，相信事情"能成"，否则就不会产生挑战的勇气。所以，首先要采取超乐观的态度，这一点很重要。

但是，事情就这么一直乐观下去，必然招致失败。在推敲具体计划阶段，必须彻底地思考分析所有条件，采取所谓"悲观"的态度，为此，就要召集那些头脑聪明、思考冷静周密的人。

我谈了大体的构想之后，他们会说"没有技术，没有设备"，接二连三举出各种不利条件。作为项目领导人，我会让他们列举所有的负面要素，逐条思考解决的方法，这样来重新拟订详细周密的计划，并因此提高了实现计划的可能性。

这样，把问题点都摆出来，反复进行模拟推敲，把计划做到完美无缺。然后，进入实行阶段，这时再换成乐观派的选手，以他们为主将计划向前推进。

在推进新事业时，往往会出现意料之外的障碍，这时悲观失望，就无法把工作向前推进。不管发生何种问题，坚信一定能够解决，倾注热情，坚决推进计划，这种乐观型的人才，在实行阶段非常需要。

不断向新事物发起挑战，才能保证企业的发展。为此，就像刚才所讲，在构想阶段，能力要用将来进行时，总之要乐观；在制订计划时要彻底地冷静，就是采取悲观态度；在实行阶段，又要乐观，相信事情一定能成功。必须有这样一个程序，而统率这一过程的就是企业的领导人。

在竞争激化、各个企业的独创性受到审视的今天，不断挑战新事物并获得成功，这一条作为领导人的必要条件，今后将越来越重要。

4. 获得众人的信任和尊敬

我认为，领导人必须获得集团所有人的信任和尊敬。

篷马车队由若干小组和家庭组成一支队伍，需要经过长达数月的旅行。在追求富裕的强烈愿望驱使之下，向西部挺进。在他们的队伍中，有脾气暴躁的人，有柔弱的女性和年幼的孩童，篷马车队的队长需要具备向心力，才能把各色人整合在一起，带领他们到达目的地。

在旅途中，篷马车队的队长要保证大家的粮食和饮水，要分配合理；在时而发生的争执中要做好调节，还要照顾病人和受伤者。总之，车队在旅途中发生的所有事情，都要以大家能够接受的方式解决。

为此，篷马车队的队长需要不断地做出公平公正的判断，需要获得众人的信任和尊敬，需要具备优秀的资质。同时我认为，只有这样的队长才能统率篷马车队安全到达目的地。

有关领导人的这种资质，中国明代思想家吕新吾在其著作《呻吟语》中写道："深沉厚重是第一等资质。"也就是说，作为领导人，最重要的资质是，具备时时深入思考事物本质的厚重的性格。我认为，篷马车队的队长就是具备这种资质的领导人。

吕新吾还说："聪明才辩是第三等资质。"这是说，"头脑聪明、能言善辩"不过是第三等资质。

然而在现代，无论东方还是西方，只具备吕新吾所说的第三等资质，即聪明才辩的人被选为领导人的现象非常普遍。不错，这样的人才，用好他们的能力，也能够对组织做出贡献。但是，他们却未必能赢得部下和客户的信任和尊敬，未必能成为真正的领导人。

有时候，一个组织发生内斗，融洽的关系就此瓦解。集团内部这种不协调的背景，我认为，就是因为起用的领导人只具备第三等的资质。一个组织要健康地成长和发展，集团内部的协调融洽必不可少。为此，具备吕新吾所说的第一等资质、能得到众人信任和尊敬的领导人必不可缺。

领导人最重要的是必须公正

那么，优秀的领导人需要具备的资质，具体来讲有哪些呢？

首先，像前面所提到的，领导人必须"公正"。领导人所处的地位，是要对左右集团命运的重大问题做出判断，在这种情况下，对领导人来说，最重要的就是公正，而妨碍公正的因素，就是个人利益优先的利己心（或叫私心）。只要夹杂哪怕稍许的私心，判断就会暧昧，决断就会走向错误的方向。

明治维新揭开了日本近代化的大幕，这场革命的功臣西乡隆盛，针对"私心"带来的弊害，曾有以下论述：

"爱己者，不善之最也。修业无果，事业不成，过而不改，功而生骄，皆因爱己起，故决不可爱己偏私也。"

就是说，"只爱自己，只要对自己有利就好，对别人如何不予以考虑，这种利己的思想，是做人的大忌。治学不精，事业无成，有过不改，居功骄傲，所有这些都由爱己过度而生，所以利己的事决不可为"。

我也认为，领导人要对各种事情做出判断，而这种判断又将决定集团的命运，因此夹杂私心的利己主义者当领导人最不称职。将自己的利益放在首位的领导人的行为，不仅会极大地降低现场的士气，而且还会让整个组织道德堕落。

越是地位高的人越会看重自己，这是普遍的情形。然而，领导人越伟大越应该率先做出自我牺牲。不能把自己的事情搁一边，没有勇气接受让自己吃亏的事情，我认为这样的人没有资格当领导人。

领导人需要不畏艰难的真正勇气

作为领导人应具备的另一种资质就是"勇气"。

领导人以公正的姿态做出了正确的判断，为了将这种判断付诸实行，就必须具备"勇气"。因为即使是正确的判断，也未必能让所有的人全都赞同，因这种判断而蒙受损害的人会唱反调。即使在这种情况下，领导人也必须果断地遵循正确的判断，将正确的事情以正确的方式坚决地贯彻下去。

要像这样，不畏惧任何困难，堂堂正正地将自己认为正确的事情贯彻到底。要做到这一点，就必须具备真正的"勇气"。

领导人缺乏勇气，不敢正视严峻的现实，妥协退让等，都是不可容忍的。领导人胆小怕事、优柔寡断的样子，部下一眼就能看穿。看到自己上司那副不争气的面孔，"原来我们的领导是位没出息的家伙"！在顷刻间，领导人就会丧失来自团队的信任和尊敬。

要当领导人，必须具备克服一切困难障碍、把正确的事情以正确的方式贯彻到底的"勇气"和"信念"，朝着实现目标的方向大步迈进。

领导人必须谦虚

还有，领导人必须"谦虚"。

特别是有能力、有业绩的、优秀的领导人，我更希望他们将"谦虚"这项资质学到手。人往往一旦获得成功，就会过分相信自己，认为成功是由于自己能力强，因而会傲慢起来，以至忘记了应该感谢周围的人，放松了努力。

傲慢的领导人可能取得一时的成功，但他的成功绝不可能长期持续。曾有多少英雄豪杰争相崛起，而一旦成功，他们就忘乎所以，忘却谦虚，傲慢不逊，因此从顶峰坠落。

鉴于这样的教训，我曾经三次把"要谦虚，不要骄傲，要更加努力"作为京瓷的经营口号。

当时，京瓷获得了飞跃性发展，作为经营者，我自己也受到了来自社会各方很高的评价。我觉得，这样的大好时机，更不能忘记谦虚，不能骄傲自满，不能懈怠。提出这样的口号，一方面是诫勉我自己，另一方面是让干部员工懂得"谦虚"多么重要，让他们更深切地理解，只有再接再厉、加倍努力才能保证企业今后的发展。

在各种场合中我反复强调这种观点，而员工们也接受了，响应了，因而京瓷后来没有骄傲自大，全体员工共同做出了无止境的努力。我想正因为如此，才有了京瓷今日的成就。

我期望，在座各位，你们即使获得了成功，也决不能忘却"谦虚"，要抱着对周围人们的关爱和感谢之心，加倍努力。只有这样的领导人才能打造永续成长发展的团队。

领导人应该乐观开朗

领导人应该始终保持"乐观开朗"的态度。

充满梦想和希望，保持乐观向上的态度，在团队内营造开朗的气氛，这也是领导人的一项重要工作。

一旦从事经营，困难的课题就会接二连三地发生。但是，局面越是艰难，越是不能失去梦境和希望。一方面是"无论如何也必须苦干"的坚强决心；另一方面是"不管怎样自己的未来一定光明灿烂"的必胜信念。人生中保持乐观开朗的态度非常重要。

对处于逆境中心的当事人来说，要做到这一点也许极为困难，但即使是强迫，也要让自己那么去想。同时，作为领导人，向部下灌输这些正面的思想，做出比过去更大的努力，同样很重要。乐观向上的态度，一心一意的努力，毫无疑义，必然会获得回报。

不管现在处于何种逆境，自己的将来一定充满光明。持有这种心态，不仅是作为领导人的必要条件，也是人生成功的铁则，是人们生存的智慧。

5. 抱有关爱之心

最后，我想谈一谈领导人的第五项要件——"抱有关爱之心"。

我认为，领导人必须发挥强有力的领导作用，而在他的心底，又必须抱有亲切的"关爱之心"。换种说法，可以用基督的"爱"和佛陀的"慈悲"来比喻。领导人必须持有一颗对别人充满关爱的善良之心。

祈愿部下及其家族都能过上幸福生活，祈愿交易商、客户、地区社会、自己周围所有的人生活幸福。抱着这种深沉的爱去工作，去做事业，就能得到周围人的协助甚至获得天助，事业一定能顺利进展。

我坚信，一颗亲切的关爱之心，才是领导人应该具备的最根本的资质。只有具备这一条，才能引导集团走上永久的幸福之路。

集团的领导人归根结底要在心中怀有大爱、深爱，在此基础上采取行动。经营企业决不能依靠强权，不能让部下恐惧畏缩。也就是说，领导人决不能只考虑自己，决不能充当"利己的独裁者"，什么事情都凭自己的好恶做决定。这种独裁专断的领导方式必然招致集团内部的恐惧和疑惑、憎恶和反感，最终导致集团的崩溃。

真正的领导力是什么

但是，如果领导人一味迁就部下的意见，容忍个人贪图轻松安逸的倾向，那么集团的纪律就会松弛，从而陷于功能不全的泥沼。从这个意义上说，必须认真思考"真正的领导力究竟是什么"。

一方面，领导人必须具备使命感，具备强烈的意志和信念，具备真正的勇气，对集团进行严格的指导，统率集团向前奋进；另一方面，领导人又不能自以为是，要经常倾听集团成员的意见，汇集众人的智慧，思考不是对于自己，而是对于集团而言，什么是最好的方法，由此做出判断。

这两个方面必须平衡，不能偏向任何一方。真正要管好一个组织，只强调发挥强有力的领导作用，或者只强调尊重部下的意见，都是片面的、不可行的。

总之，为了实现目标，必须发挥强有力的领导作用。但仅仅这样还不够，领导人应该抱有一颗温暖的关爱之心，要了解团队成员的想法，努力将他们的力量凝聚到同一方向上来，把团队引向既定的目的地，这就是对领导人的要求。

斗胆用一句话讲，真正的领导人应该是"以爱为根基的反映民意的独裁者"。我认为，将篷马车队安全带到西部的队长，就是这种充满关爱之心，在尊重大家意见的同时，又能按照具体情况果断决策，发挥出卓越领导能力的人。

而且，只有这样的领导人，才是在混沌纷乱的时代开辟生路，带领集团成长发展的真正领导人。

今天，我以"领导人的资质"为题，逐条对照奠定了美国发展基石的篷马车队队长，给大家讲述了"理想的领导人应有的形象"。

聚集在这里的各位朋友，我想你们都是企业经营者或各部门的负责人，都取得了优秀的工作业绩，如果你们认真理解我今天所讲的内容，并努力实践的话，就一定能够提升你们组织的向心力，引领团队取得更大的发展。

像篷马车队队长开辟了美国历史崭新的地平线一样，我祈望在座的各位，作为中国经济社会的旗手，发挥出真正的领导能力，为代表中国大都市之一重庆的进一步发展，为不断发展的经济大国中国的进一步成长，做出更大的贡献。

要　点

要率领团队前进，首先必须抱有强烈的愿望。同时大义名分也必不可少。如果没有"我们是为着如此崇高的目的而工作"这样的大义名分，也就是没有"使命"的话，要把众多人的力量凝聚起来，将他们具备的力量最大限度地发挥出来，是根本不可能的。

○

有了光明正大的目的和使命，领导人可以问心无愧，不受任何牵制，一方面鞭策自己，一方面激励部下，不断将事业向前推进。

○

提出过高的目标，大家觉得不可能完成，就不会真挚地付出努力；相反，提出的目标过低，很容易就能达成，大家又会漠视这样的目标。这样的团队就很难指望获得更大的成长发展。设定目标时，首先领导人要找出一个在全体成员都能接受的范围内最高的具体数字，把它作为目标。然后把这个目标分解，让团队全体成员都把它当成自己的目标，大家共同拥有这个目标。

○

不管领导人揭示了怎样的高目标，目标越高实现就越困难，就越无可能由一个人来完成。领导人应满怀热情对部下诉说事业的意义和实现目标的方法，将部下的士气提升到与自己相同的水平，只有这样，才能集聚全员的力量。只要做到这一点，那么，无论多么困难的目标都可能达成，成功就可能会唾手而得。

○

团队的领导人不管遭遇何种障碍，都要以坚强的意志朝着达成目标的方向奋勇前进，决不妥协，决不停顿。用经营去"迎合"无法预料的经济变动等外界状况的变化，那么，一时向下调整的目标，与接着到来的新的经济变动又不切合，这就不得不再次将目标向下调整。如果持续这么做，不仅目标变得有名无实，而且领导人自己也将丧失集团对他的信任。

○

在职场上最辛苦的就是领导人。如果每位部下都目睹了他努力工作的状态，那么他们一定会追随这位领导人。朝着目标达成的方向，领导人具有坚强的意志，发挥出献身的工作精神，勇于"自我牺牲"，那么不管处于何种严峻的环境之下，整个团队都能团结一致，朝着目标大步迈进。

○

领导人害怕变革，失去挑战精神，就意味着集团开始步入衰退之路。也就是说，领导人不应满足于现状，不断进行变革和创造，能不能做到这一点，将决定集团的命运。这么讲并不过分。

○

只有变革，只有不断地、反复地进行创造性的活动，企业才能持续成长发展。相反，只想维持现状，墨守成规，就会陷入官僚主义和形式主义的泥潭，企业就会衰落。而处于变革中心位置的，就是企业的领导人。

○

仅仅根据自己现在的能力，判断"能"还是"不能"，就做不成任何新的事情。从现在时点看，哪怕被认为根本不可能实现的高目标，在未来的某一时点上也会实现它，先做出这样的决定，为了实现它，天天努力，不断提高自己现有的能力。也就是说，"能力要用将来进行时"，这一点非常重要。

○

不断向新事物发起挑战，才能保证企业的发展。为此，在构想阶段，能力要用将来进行时，总之要乐观；在制订计划时要彻底地冷静，就是采取悲观态度；在实行阶段，又要乐观，相信事情一定能成功。必须有这样一个程序，而统率这一过程的就是企业的领导人。

○

总之，为了实现目标，必须发挥强有力的领导作用。但仅仅这样还不够，领导人应该抱有一颗温暖的关爱之心，要了解团队成员的想法，努力将他们的力量凝聚到同一方向上来，把团队引向既定的目的地，这就是对领导人的要求。斗胆用一句话讲，真正的领导人应该是"以爱为根基的反映民意的独裁者"。

指引个人和企业成长发展的要素：日航重建成功的真正原因、日本经济如何重生

在第 20 届世界盛和塾大会上的讲演
——2012 年 7 月 19 日

这是在 2012 年 7 月在第 20 届盛和塾世界大会上，面对 4000 名塾生企业家的讲话。

日航预定在 2012 年 9 月上市。讲话简要地介绍了日航开始重建至今走过的轨迹，同时论述了引导企业经营走向成功的美好的利他心和激烈的斗争心。

指引个人和企业成长发展的要素

值得纪念的"第 20 届世界盛和塾大会"开了两天，不仅有日本，还有中国，以及远道而来的美国、巴西各分塾的塾生参加，此外还有韩国代表也列席了会议，盛况空前。

这两天，听了 8 位塾生感人至深的体验发言。发言者的行业和规模虽然不同，但他们都通过提高心性，拓展了企业的经营。

同时，今天在这个会场的 4000 位塾生企业家也一样。这个社会充斥着追求私利私欲的风气，而盛和塾的塾生却不同，为了实现员工的幸福，为了社会、为了世人，大家都不遗余力，认真地经营着各自的企业。

无论是发言的一方，还是听讲的一方，大家都秉持一颗纯洁而美好的灵魂。因此，在这个会场里，在庄严的气氛中，我感觉到一种发自内心的感动、共鸣的旋涡在扩展又扩展。只要接触到这种氛围的人就会被感化，心灵就会被净化、被提升。有这种感觉的人，我想并不只有我一个人。

我想这是盛和塾特有的氛围，类似于促使森罗万象、一切生命生长发展的"宇宙的意志"，这里充满着促进个人和企业成长发展的能量。

我衷心期待，在这样美好的气氛中，能够不断涌现出引领日本产业界、不，引领世界产业界卓越的商业领袖。

在这个隆重的世界大会结束前，请允许我以"指引个人和企业成长发展的要素"为题，展开我的讲话。

首先，我要讲述"日航重建成功的真正原因"。其次，我想讲一讲有关"斗争性"的问题。在严酷的经济环境中，这个"斗争性"对于促使企业成长发展，对于促使日本经济的再度繁荣非常重要。

日航重建成功的真正原因

首先讲日航的重建。

2009 年年末，日本政府和企业再生支援机构多次强烈邀请我出任日航会长，每次我都以"此非我所任"为理由拒绝了。后来经不起他们再三的恳求，在不得已的情况下，我接受了重建日航的任务。

关于我最终接受重建日航任务的理由，我已经多次给大家讲过，首先是无论如何都要救助日航留任的员工，其次是为了重振日本经济，最后是为了让日本国民有选择航空公司的自由。

然而，虽然我决定挑起这一重担，但是对于日航的重建，当时我既没有自信，也没有胜算，说完全没有也不过分。

不仅是我自己，日航宣布破产时，以各种媒体为代表，几乎所有的人都认为，日航这个企业，有着长年以来没能解决的各种各样的难题，所以"日航重建决不会顺畅""日航必将二次破产"。

2010年2月，对航空运输业毫无经验的我，来到因堆积如山的经营问题而破产的日航。与我同去的只有两位京瓷的董事，还有，我带去的只有我自己创建的经营哲学"philosophy"，以及"阿米巴经营"这一经营管理的体制模式。

当初，我承诺每周上班三天左右，因此算是义工，以零薪水参与日航重建。但是，当我初次来到日航时，作为一个企业，日航情况的糟糕远远超出了我的想象。因此，每周出勤三天显然不够，虽然我依然不领工资，但每周四五天留在日航总部。我已年近 80 岁，整个一周几乎都住在东京的宾馆里，有时晚饭就是便利店的盒饭，这样很快我就感觉到疲惫困顿。

在就任日航会长不久，在疲劳困顿中，让我心情非常振奋的是：一听到我要参与日航重建，5500 位盛和塾的塾生立即行动，每人负责集合 100 位友人，共计 55 万人来援助日航。

具体做法就是制作了"日航援助团"的名片，以塾生为中心，号召他们的亲戚朋友"大家都乘坐日航"，即使勉强也要尽可能搭乘日航。而且每次乘坐日航时，都使用援助团的名片鼓励日航的员工。还有，用上日航的标记，折叠许多千纸鹤赠给员工。

塾生们的这一举动，不仅支持了我，而且对因破产而受到伤害的员工们而言，也是一种心灵的支撑。不仅如此，这对日航的收益也做出了贡献。作为日航重建的第一步，我觉得，首先就是盛和塾的塾生在背后的支持。我认为，大家做的这一切，就是"利他"之心的流露。

至今为止将近 30 年，在盛和塾，我义务为大家讲解"经营企业应该怎样做才对"。30 年来，大家亲眼看到我在盛和塾的活动。"至今一直受到塾长的指导关照，现在正是我们报恩的时候了。"我认为，这就是大家援助日航的动机。

也就是说，我以无偿的爱对各位的经营做了一点贡献，大家就来回报我，我真的很开心，感动得流泪。

这实际上正是推动日航重建的一股巨大力量。这一点虽然没有公开表述过，但我坚信，日航重建成功的相当一部分，就来自于盛和塾各位塾生的鼎力相助。

盛和塾的塾生实践"利他之心"

近30年来，我在繁忙的日程安排中抽出时间，尽力协助大家把企业经营好。这次是大家反过来帮助我，在拼命投入日航重建的我的背后助上一臂之力。我想事情就是这样。

这样，为对方着想的美好心灵互相呼应，因而结出日航重建的成功之果。想到这一点，我从心底里感到高兴。

2011年12月，在西日本和东日本的塾长忘年例会上，我以"在净化心灵的集团盛和塾中学习什么"为题，从人应有的心灵状态说起，讲到塾生们净化自己的心灵，不但可以把自己的企业办得更好，而且可以促使社会变得更好。

许多塾生讲，听了我这个讲话"很受感动"。如果想把你的企业经营得有声有色，那么，首先必须提高作为经营者的你自己的心性，我用"提高心性，拓展经营"这句话来表达，自盛和塾成立以来，我不断诉说这一点。我想正因为大家都很好地理解、实践了这一点，才产生了"日航援助团"。

在盛和塾里，经常听到"利他之心"这句话。这是社会上一般对话中很少出现的语言，然而在盛和塾，"利他"这个词在日常会话中却被频繁使用。"为他人好"，这个思想在人生和经营中非常重要，大家都能理解这一点并付诸实践。

这是让我感到最为高兴的事。既然大家能如此热切地援助日航，那么各位对自己企业的员工好，也是理所当然。同时为企业周围的人，进一步讲，为社会、为世人，我想，大家在平日里就一定在尽力而为。

盛和塾至今已有多达 7400 名塾生，不仅在日本，而且在世界各地，如果都能够从事这种利他的活动，那么我想我至今为止的辛苦就算获得了回报。

当初盛和塾成立时，我还在当京瓷的总经理，工作繁忙，干劲十足。而且当时正值 KDDI 的前身第二电电的创业期，另外，稻盛财团成立，开始颁发京都奖，真是忙碌至极。那时我的年龄也到了 50 出头。这约 30 年来，我以不惜粉身碎骨的精神，投入盛和塾的活动。我觉得这件事我绝没有白做，我的心灵受到了安抚。

我要再一次对让我产生这种感慨的盛和塾的诸位，从内心表示感谢。

为什么日航重建如此顺利

由于诸位的鼎力相助，现在日航的重建正在顺利进展。

2011 年 3 月末是日航重建的第一个年度，日航的销售利润超过了 1800 亿日元。"一个破产的企业，仅仅一年，怎么就变成了行业内第一的高收益企业？"世间一片惊叹，甚至称赞说发生了奇迹。

接着，2012 年 3 月末是重建的第二个年度，由于当时东北大地震，旅客大幅下降，尽管如此，这一年的销售利润仍然超过了第一年，达到 2000 多亿日元。

在重建的第三年，业绩仍然会超过预期。到 2012 年秋季，日航准备在东京证券交易所一部再次上市，到时日航的重建就算基本完成。

因为连续两年日航取得了优秀的业绩，我从经营的第一线引退，从具有代表权的会长退至不具代表权的名誉会长。今后我作为董事名誉会长，为把新产生的会长、社长以及年轻干部培养成真正的经营干部而做出努力。到 2013 年 3 月或 6 月我会考虑正式退出日航。

日航重建成功的轮廓已经清晰，最近，特别是夜晚，在上床入睡之前，我常常回顾日航重建的过程，不断反思这两年来的日日夜夜，"究竟为什么日航的重建能够如此顺利"，我进行了深入的思考。

可以说，现在日航的重建取得了卓越的成功。回顾这两年多来重建的日子，虽然付出了辛劳，但日航重建之路却比想象的要顺利得多。

日航这个企业多年以来，各种经营问题纠缠在一起，谁也无法解决，甚至被贬为"恶魔殿堂"，被写进小说，社会评价落至谷底。人们都认为日航二次破产不可避免。这样一个破产重建的企业，重建的进程居然如此顺畅，这到底是为什么？这个问题最近我一直在认真思考。

依靠哲学改革员工的意识

反复思考的结果，首先是因为"哲学"发挥出了巨大的力量。

我认为，像日航这样的企业，为了有效推动它的重建，首先必须改变全体员工的思维方式，必须改变他们的意识。为此我向日航干部们热情宣讲"京瓷哲学"，告诉他们做人做事应遵循的原则。"京瓷哲学"是我从半个多世纪的经营实践中总结出的哲学。

实现意识改革的第一项措施，就是集中最主要的50名经营干部，花一个月的时间，依据哲学，对他们实施了集中的、彻底的领导人教育。

在今天塾生的经营体验发言中也有哲学让企业起死回生的故事。我向所有的日航干部拼命地、高密度地讲述哲学，让他们明白，让他们理解。

除了"销售最大化、经费最小化"等我过去一直提倡的具体经营要诀之外，领导人还必须具备值得部下尊敬的优秀人格，为此必须每天不断地提高自己的心性等作为人应有的正确的人生观。

这样的哲学教育，我尽可能亲自出席，当面讲解，与此同时，我还与他们促膝而坐，一边喝酒一边交谈。有时还严厉地批评他们，目的是把大家的想法彻底统一到正确的方向上来。

于是，开始时对我的经营哲学抱有抵触情绪的日航的干部们，随着学习次数的增加，逐步加深了对哲学的理解。

另外，对一般员工也进行了教育。我认为，在工作第一线与客人直接接触的员工的意识如果不改变，日航绝不会变好。于是，我亲自到现场，直接给员工讲话。

值机柜台的接待人员、乘务员、机长、助理驾驶员、维修保养人员、处理客人行李的员工等，我去日航员工的各种工作现场，直接给他们讲解大家应该持有的思维方式和工作态度。

就是这样，我就任日航会长以来，先是对经营干部，接着对工作现场的领导人、一般的员工进行教育，改变他们的意识，以此来营造新的公司的风气。

随着公司干部、现场领导人、一般员工意识的转变，公司的业绩飞跃上升。

依靠"阿米巴经营"改革企业组织

还有，基于"阿米巴经营"的组织改革也十分奏效。

我认为，为让航空企业的经营能够稳定，及时弄清分航线、分航班的收支状况，也就是所谓"管理会计体系"必不可缺。因此，我们努力构筑了这样的体系。

对此，把我在京瓷时独创的"阿米巴经营"模式如何运用于航空企业，我们进行了设计调整。结果是，现在所有航线、每个航班，第二天就可以知道收支盈亏情况。我们构筑了全世界航空公司无以类比的、精细的管理会计体系。

就是说，通过改变意识，提升了心性的日航干部员工们运用这种管理会计体系，能够即时把握经营的实际状况，在此基础上，大家钻研创新，把经营搞得更好。我们实施了这种体制，即进行了组织的改革。

我也常对各位讲，经营者对于自己企业的哪个部门销售额是多少，花了多少费用，都要尽可能迅速并详细地掌握，这如同飞行员要看着仪表盘上的各种数字驾驶飞机一样。

对日航这样的航空企业更应如此。作为利润中心的各个部门，要分航线、分航班，及时弄清各自的核算状况。此外，在日航的许多子公司也正在做分部门核算。另外，作为成本中心的非核算部门，也要明确掌握各种费用的实际使用状况，为彻底削减成本而努力。

对于上述各个部门的数据，在每个月召开的经营会议上，花三天时间进行发言。我一边听他们发言，一边进行经营指导，"你这个部门应这么做……作为部门领导人，你自己这点上该这么做才更好"等。

导入这一分部门核算的管理系统，促进了员工核算意识的提高，从根本上改革了组织风气，对改善日航的经营发挥了巨大的作用。

由"哲学"主导的意识改革，由"阿米巴经营"主导的组织改革，让日航的重建获得了卓越的成功。

"隐蔽念佛"培育了我的感谢之心

然而，最近我在不断地思索再思索，我觉得日航的成功应该还不仅仅限于这些原因。诚然，我带去日航的"哲学"和"阿米巴经营"确实大显身手，发挥了出色的作用。但仅靠这些还不足以取得如此巨大的成功。我开始这么思考。我想大家都知道，我曾经有过"隐蔽念佛"的体验。

所谓"隐蔽念佛"，是指信仰净土真宗的人们为了逃避萨摩藩（当时鹿儿岛地区的统治者）的禁令，坚持自己的信仰，进行隐蔽念佛的行为。

在江户时代，萨摩藩的藩主岛津认为净土真宗是一种危险的思想，于是发布公告，对继续信仰净土真宗的人要严加处罚。但是，热心的信徒们不肯丢弃信仰，他们在深山里建起祠堂或隐蔽的家屋，把佛坛和佛具搬进去，继续他们信仰的宗教活动。这就是所谓的"隐蔽念佛"。不可思议的是，到了昭和初期，禁令解除，念佛活动已经没有必要隐蔽地进行，但在鹿儿岛的乡间仍然保留了隐蔽念佛的风俗。

我父亲的老家在离鹿儿岛市区10多公里的乡村，在我上小学的时候，有一次，父亲把我带到一个隐蔽念佛的地方。那是一个夜晚，父亲提着灯笼，拉着我的手，慢慢登上黑暗的山道。

父亲带我去的地方是一个隐蔽念佛的集会场所。在寂静山路的尽头有一间小屋，没有电灯，那只是点着蜡烛的一间茅屋。进去一看，有一位僧人模样的人正坐在佛坛前诵经。在他身后，有 10 余个与我年龄相仿的孩子坐在那里，我也坐进了那些孩子的行列。

诵经结束后，那位僧人模样的人回过身来，"孩子们也来拜拜佛坛吧"，他分别叫一个个小孩拜了佛坛。只对我一个人和蔼地安慰道："你同父亲一起从老远的鹿儿岛市内赶来。"同时他还说了下面的话："孩子，你今天的参拜已经获得了佛陀的认可，所以你以后可以不必再来了。但从今以后，你一定要念唱'南曼南曼 ALIGATO ⊖'。"

"南曼"是鹿儿岛方言，就是"南无阿弥陀佛"，对着佛陀念唱"南无阿弥陀佛、南无阿弥陀佛，谢谢"。换用小孩子容易懂的说法就是"南曼南曼 ALIGATO"，这是萨摩人特有的表达方式。

⊖ ALIGATO 是日语，意思是"谢谢"。——译者注

儿时的这次体验，后来我一直牢记不忘。从那时候起直到现在，80岁的现在，只要面向佛坛，"南曼南曼 ALIGATO"这句话就会不知不觉地从我嘴里脱口而出。

我是临济宗妙心寺派的僧人，在禅宗里不念"南无阿弥陀佛"。尽管如此，我幼时获得的教诲，就是净土真宗的"南曼南曼 ALIGATO"这句话我一辈子一直都认真地念颂。

去欧洲参观历史有名的建筑，站在教堂前，我一定会双手合十，吟诵"南曼南曼 ALIGATO"。去伊斯兰教的清真寺拜访也是一样。因为我想，天上的神灵，就是说，支配这个世界的"绝对性存在"都是一样的，所以无论到哪里我都会吟诵这句话。

在平时，到了现在这个年龄也一样，"南曼南曼 ALIGATO"这句话一天几十次会从我口中说出。例如，清晨洗脸的时候，突然会感到自己太幸运了，"南曼南曼 ALIGATO"就会脱口而出；或者，品尝到美味的菜肴时也一样。这已经成了我的习惯。

带来奇迹的某种伟大之物

无论何事何时，"南曼南曼 ALIGATO"这句表达感谢的话，成了我的口头禅，成了我生活方式的一部分。也就是说，对生我养我，对今天我能存在于此，表示感谢。在这一思想的基础之上，为社会、为世人，在人生和经营中，我积极参与各种各样的活动。

这个盛和塾的活动就是如此，还有稻盛财团举办的京都奖等活动也一样。这次挑起日航重建的重任，也是出于同样的想法。

我一直对大家诉说："要净化心灵，要具有一颗高尚的心灵。"临近80岁的我自己，当时也是秉持这样的心灵，不要薪水，不求回报，抱着拼老命的决心，毅然参与困难重重的日航重建。

我想，看到我奋不顾身的样子，神灵、上天，或者说是自然，因感动而向我伸出了援助之手。换句话说，日航重建，不是我做的，而是这个世界的"绝对存在"让我做的。我最近开始这么想了。

如果不是这样，我认为日航如此奇迹般的回升是不可能的。这不是人的力量，而只能说是"某种伟大之物"（something great）在发挥力量。这种"伟大的存在"援助、推动，并让我参与了日航的重建。

当我这么想的时候，"南曼南曼 ALIGATO"这句话，更是随时来到我的嘴边，脱口而出。

现在我说："可以这么想。"但实际上，我坚信"就是这么回事"。"哲学"和"阿米巴经营"确实发挥了很大的作用。但是，仅仅依靠这些，日航的重建决不会成功。日航重建能顺利进展，是"某种伟大之物"援助的结果，正因为有这种支持，日航重建才会成功。对此我确信不疑。

在座的诸位也一样，我希望你们不仅依靠自己的力量，而且要采取与宇宙的意志相一致的态度去经营企业，度过人生。在人生和经营中只要秉持一颗纯洁的、正直的心，神灵一定会出手相助，这就是所谓的"天佑"。我再次希望大家相信这一点。日航重建的过程就是一个最好的证明。

我在日航重建中尽心尽力，起了一点作用。现在就有不少人称赞我"伟大"，这是不对的。梵语中有如下格言：

"伟大人物的行为之所以成功，与其说在于他行动的手段，不如说在于他心灵的纯粹。"

如今，许多人赞赏我在日航重建中的经营手腕，但我深深感觉到，"这种观点不对。日航重建成功，不过是天助而已，仅仅是我无私的心灵和纯粹的行为感动了上天而已"。

换句话说，"想好事、做好事，必定有好报"，最近我越来越深切地体会到这一结论的正确性。同时在内心深处，我坚信这就是世间的"真理"。

然而，在报纸杂志采访时，当我谈到这种感受时，社会上马上就有人说："怎么啦！那家伙又在说什么神灵保佑，那不是新兴宗教吗？"因此，我必须说："日航重建是靠了'哲学'和'阿米巴经营'。"

不错！这是确凿无疑的事实。然而，在这种优秀的"哲学"和"阿米巴经营"的力量之上，又附加了一股更为强大的力量，这才让日航取得了人们难以想象的、卓越的成功。今天，我重申这一条，就是为了向大家再次强调这个观点，盛和塾的企业家们能够深刻理解这个道理。

以"作为人，何谓正确"下决断，
继续与美国航空合作

然而，现在回想起来，企业经营真是残酷的商业

竞争。

破产的日航仅仅用两年时间，就获得年收益超过2000亿日元的巨额利润，成为全世界众多航空公司中位居第一的高收益企业。如果可以想象这样的蜕变，那么也可以想象完全相反的情形。

事情发生在日航宣布破产后不久。全世界的航空公司几乎全都以联盟形式结成合作关系，日航加入了以美国航空（简称"美航"）为盟主的寰宇联盟。

但是，日航破产时，以日本国土交通省航空局为中心，包括政治家们在内，都主张日航应该加入以达美航空（简称"达美"）为盟主的天河联盟。天河联盟一方也提出，如果日航脱离寰宇联盟，加入天河联盟，达美将给予巨额支援。一时间日航内部同意加入天河联盟的意见占了绝大多数。

我到任后也很快听到了这种议论。我感觉到"不太对头"。当时，加入寰宇联盟的各航空公司的总经理一级的人物接连来到日航，他们提出："希望日航继续留在寰宇联盟，如果日航离去，寰宇联盟的力量将会衰弱，以达美航空为首的天河联盟将会一家独大。那样的话，全世界航空公司平衡竞争的局面将会崩溃。"

达美航空的总经理以及重要干部，带着美国的政治家，也来访问日航，而且表示："希望日航一定加入天河联盟，我们一定会以……优惠的条件欢迎日航的加盟。"

那时候，我的注意力并没有放在仔细斟酌双方向我们提供的具体方案上，而是在会谈的一两个小时内，我一直在认真观察这两家航空公司经营者的人品。

在与他们的接触中，我感觉到，天河联盟的某位总经理确实非常能干，"请务必加入我们的联盟！"他们热情地解释，以图说服我们。或许他们真的手腕高超、很有力量，但人品究竟怎么样呢？我感觉不踏实。另一方面，美航董事长阿佩大概事先已经听说日航大体上已决定加入天河联盟，所以他来访时一副心事重重的样子，显得有点软弱。

这样，等美国各航空公司的负责人回去之后，我召集日航的干部们开会，讲了这么一段话：

"在座各位都主张并在推进加入天河联盟，日本政府、政治家也都持这种意见。确实，如果只考虑眼前的利害得失，也许这种主张是对的。但是，如果把长年来与我们一起组成寰宇联盟的缘分割断，那么，本来与我们合作飞行的、日美之间的太平洋航线的美航一方就只能单向飞行了，它的竞争力就将一落千丈。另一方面，达美现在本来就实力强大，如果日航再加盟，它将更为强大。如果这样，那么航空界，特别是太平洋航线的力量对比将发生根本性的改变。出现这种状况真的是好事吗？

"另外，大家或许觉得美航实力不够，靠不住，但作为长期来一直与我们合作的伙伴，它并没有任何过错，我们轻率地把它一脚踢开，这样做，作为人到底应不应该呢？我们思考的角度，不能只顾利害得失、有无胜算。作为人，何谓正确，作为人，如何做才对，我们是不是应该从这样的角度来考虑。希望大家能再思考一下这个问题，然后得出结论。我会尊重大家做出的结论，并对结果负责。"

讲了这番话后，我给了日航干部员工们一段思考的时间。

经过大约 10 天，再次开会讨论联盟问题，干部员工中有人发言说："的确，如稻盛会长所说，我们应该与寰宇联盟继续合作下去。"

如果是我刚当日航会长就说那番话，或许会出现反对声音的大合唱："你说什么呢！"但当时日航内的气氛已发生了极大的变化，一个人发言后，其他干部也说："正如会长所言，我们应该从'作为人'这个角度出发，继续与美航的寰宇联盟合作下去。"讨论按这个方向进展，结果决定日航继续留在寰宇联盟。

经营如此波澜起伏

美航董事长阿佩听说后非常高兴。他要求我"一定要来达拉斯的美航总部，并在 100 名美航干部员工面前演讲"。其实，董事长阿佩不仅自己读了我写的《活法》的英语译本，而且向美航的干部员工推荐了这本书。

后来，当我访问美航总部时，一清早就汇聚了百余名美航的干部员工。我以"经营为什么需要哲学"为题，作了一小时的演讲，听者都很感动。演讲后我与这些干部员工共进午餐，下午我参观了公司，晚上又举办了恳请会。

以美航董事长为首，所有的董事、干部都出席了欢迎会，我想那一整天美航的有关工作都停下来了，可见款待之隆重。

董事长阿佩还与他的夫人一起出席了京都奖的晚餐

会，这也让他们十分感动。在美国，像这样的活动一般都以慈善晚会的形式，由赞助商出资，但京都奖的晚餐会，一切都由稻盛财团的资金操作运行。

各方要人 800 名左右出席了晚餐会。20 多年来，这种正式的晚餐会都由我自己出资运行。当然，举办盛大的京都奖的授奖仪式，颁发高额的表彰奖金，也都由稻盛财团全额负担。

"真的非常了不起！"董事长阿佩夫妇十分激动。不仅因为日航继续留在寰宇联盟，还因为董事长阿佩目睹了京都奖的盛况。

然而，第二年，就是 2011 年 11 月 29 日，美航也申请破产，适用相当于《日本民事再生法》的《美国破产法》第 11 章。

其实，在这之前，即 11 月 10 日，董事长阿佩一个人又赶来参加京都奖。这次只在日本待了一天，只出席了授奖仪式和晚餐会，第二天一早就乘美航的航班回国了。当时董事长阿佩对我说："其实，现在美航的处境非常艰难。美航的飞行员工会很强大，他们拿着高额工资，却不听公司的指挥。因为我要马上赶回去与飞行员工会谈判，所以这次只能出席京都奖的授奖仪式和晚餐会。稻盛先生，您在日航也与工会进行过各种交涉，希望您给我提些建议。"

我鼓励他说："您给工会把道理讲透看怎么样，加油努力吧！"就此与董事长阿佩道别。后来，美航因工会方面不肯让步，劳资交涉破裂，于是根据《美国破产法》第 11 章申请破产。

美航破产后，董事长阿佩辞职。但令人不可思议的是，在美国经济界即使企业破产，原来的企业经营成员仍可以获取高额的退职金，准备新的就职岗位，这在美国是很普通的事。但董事长阿佩认为"自己要对美航破产负责"，他宣告不要高额退休金，也不做再次就职的准备，一个人悄悄辞职离去。

现在，美航当时的总经理，与董事长阿佩一样，与我的观点产生共鸣的霍顿先生当上了董事长，正在推进美航的重建。

企业经营就是这样，波澜万丈，起伏不定。昨天还在帮助我们的友人，今天就突然破产了。人生也一样，一寸光阴之后将会怎样，完全无法预知。正因为经营和人生如此残酷无情，所以就必须用自己优秀的人格、高尚的人生观来感化对方。

这样，对方的心就会被打动，就会以真情相报。作为经营者，必须思善行善，以感化和改变自己的员工以及公司周围所有的人。这样做，一定善有善报，出现善的循环。这是人世间的真理。

经营者必须具备强烈的斗争心

然而，在这里请不要产生误解。

确实，提升心性，对于日航重建取得优秀业绩很重要。但并不是说只要具备一颗纯洁的心就万事大吉了，事情并不是这么单纯。这一点希望大家再次予以深刻理解。

学习我创立的哲学，大家作为经营者提升心性，具备优秀的人格，这当然很重要，但经营企业不是仅仅具备这一条就够了。只具备善良的、美好的心灵，但对企业的收支缺乏严格的管理，面对萧条坚决予以克服的气魄不够，想让企业持续成长发展是非常困难的。

仅仅靠善良、关爱不能经营好企业。即使处于严酷的经济萧条之中，无论如何也要增加销售，确保利润，必须具备这种让人望而生畏的、强烈的斗魂和气魄。归根结底，纯洁的心灵必不可缺，但仅仅如此还不够。

这一条，不仅对于一个企业而言是如此，对于整个日本经济的重生也适用。现在的日本经济让人产生停滞感和闭塞感，日本想要突破这种现状，重新回归到成长的轨道，我认为，我们每一位经营者必须具备一往无前的、激烈的斗争心，这一条必不可缺。

"京瓷的员工们，拿出你们的斗争心！"

为了理解这一条，请让我读一段过去我写过的文章。

1991 年 12 月在京瓷内部发行的报纸《敬天爱人》的前言中，我以"京瓷的员工们，拿出你们的斗争心！"为题，写下了激励员工的文章。1991 年是京瓷创立的第 32 年，正是我担心京瓷会患"大企业病"的时候。因为害怕企业失去斗魂，我面对京瓷的员工说了以下一段话。文章长了一点，我读一下。

京瓷的员工们，拿出你们的斗争心！

我最近正担心一件事，就是在京瓷公司内部，奋斗精神，或者说斗争心，是否已变得稀薄。朝着既定的目标，无论如何，不顾一切、勇猛前进、不达目的誓不罢休的那种奋斗精神、斗争心，我觉得在大家身上正在渐渐丧失。

但是，这种"斗争心"，在企业经营中，同才干、领导力并列，是必不可少的成功条件。不能像只会汪汪叫的弱小的狗，而要像土佐猛犬一样，一旦咬住，决不松口。这样一种决不放弃的执着心、强烈而深沉的斗争心，绝对必须。缺乏必胜的信念和燃烧般的斗魂，最后终将一事无成。

希望各位在自己的工作中也具备这种斗争心、奋斗精神。

但是，斗争心属于本能心，不能对它放任不管。控制斗争心，这一点也是很必要的。

控制斗争心的是"灵魂"。由灵魂来操控斗争心，当需要时，让斗争心出场，当不需要时，就抑制斗争心。弄不清这一点，丧失斗争心，那是本末倒置。缺乏斗争心的员工增加，公司不可能发展。为了自己的公司，为了部下，奋不顾身，努力工作乃是我们的本分。

经营就是"意志"。我想这么做，一旦决定的事情要贯彻下去，需要坚强的意志。因此，即使建立了年度计划、月度目标，但不能付诸实现的人，就没有资格当领导人。

当然，由于人员、环境的不同，会出现各种各样的情况。多次目标中偶尔一次未能达成，这种情况在所难免，但经常这样，那就是领导人不行，说明他就是意志薄弱的人。

经营环境总是在不断变化，无论世界经济、日本经济、汇率也好，接单情况也好，各种因素都在不断变化。但就是在这种种变化之中，我们要以坚强的意志，随机应变，一定要实现自己确立的目标。

经营真的就是"意志"。无论如何必须实现目标的坚强意志，对于领导人而言不可或缺。

还有一点，不仅限于自己，这种意志还必须渗透到团队中去，带领团队共同前进的斗魂，或者说坚强的意志必不可少。

"已经拼命干了，但结果不理想，那也没办法了。"或者"下个月再努力干吧！同志们。"这样的腔调，就是说已经尽力了，没办法了。如果采取这种态度，那么科也好、部也好、事业部也好、事业本部也好，都绝对强大不起来。

然而我认为，现在的京瓷全都处于这种状况之中。

以前的京瓷也出现过类似的情况。那时我曾对员工说："好，如果你做不到，我就在后面用机关枪打你。反正后退也是死路一条，那么你就抱着必死的勇气向前冲吧！"

被我激励的员工从恐怖感中激发了勇气。如今，在那些认为上司是好人、很有人情味的部下看来，我简直是铁石心肠，让他们感到恐怖。然而，作为领导人，有时即使不得不采取这种严厉态度，也一定要让目标得以实现。

人不被逼入绝境，就不能成事。一度树立起目标却不能实现，下次又这样。如果这种情况反复多次，那么这支部队没有了战斗力。没有胜利的经验，不懂获胜的要领，这样的团队根本不行。

最近，尽管大家拼命地认真地干了，我们公司的年度计划、月度目标，却总完不成，而且这种状况竟被容忍，就那样被通过了。这就是我刚才讲的，原因就在于领导人缺乏斗争心、奋斗精神，缺乏坚强的意志。

贯彻意志于始终，对于领导人自己而言，是非常艰辛的事，对于部下而言，也很艰苦。但正因为有艰辛艰苦，不拿出令人生畏的斗争心，事情就不能如愿，就不能取得预期的成功。

但是，这种斗争心和意志力是一把双刃剑，超过限度、错误使用，就有毁灭自己和部下、毁灭团队的危险。正因为如此，提升人格、提高心性非常重要。

不能提出严厉的要求，不把事情逼入极限，只会说："好了，大家已经拼命干了，完不成任务也没办法。"这样的人虽然没有破坏人性的危险，但反过来讲，靠他们不能建立强大的团队，不能实现高远的目标。

因此，上述那种人不会危及周围的人，或许没有必要去提高心性。而那些既有斗争心又有意志力、工作能干、能带领企业发展壮大的领导人，当他们身上的负面因素冒头时，就有毁坏组织、毁坏组织成员的危险。因此，对这样的人，提升人格、提高心性，就显得尤为必要。

伊藤万事件中的伊藤寿永光和许永中，我本人没和他们会过面。这两位极具商才，斗争心、意志力都非常惊人，能力非同一般。但很遗憾，他们忘记了该把灵魂放在哪里，所以，正因为他们具备卓越的才能，才毁掉了自己的组织。能干出大坏事的人，在资质、素质中又极具才干的人，正是这些人，最有必要提升心性，磨炼灵魂。

我并不是要求大家都成为圣人君子。经营企业、开展事业，需要杰出的才干和领导能力，需要激烈的斗争心和强大的意志力，需要这样的本能心。

但是，仅靠这些会犯错误，甚至给组织带来极大的危害。所以，用好自己的才能，驾驭好斗争心，就必须磨炼自己的心性。

20年前，在京瓷公司内刊的卷首文中，我就是这么说的。

低迷的日本经济的软肋

近年来，日本经济增长迟缓，民间笼罩着停滞感和闭塞感。这时候，再加上日本大地震的影响，整个社会陷入同情和哀伤的氛围中，到处都呈现对灾区灾民的纯净的关爱之心。

当然，关爱他人的美好之心必不可少，但只靠这一条不行，那样企业会在市场竞争中落败，会被淘汰出局。同时，整个国家也会在全球竞争中走向衰落。时代发生了巨变，经济环境处在激剧的变动之中。我认为，正因为处在这种混沌的状况中，我们才更需要奋勇拼搏的精神，更需要"斗争性"，这样才不至于在乱局中迷失方向，才不会在环境的大变动中衰败。

我这么讲，或许有人认为我不谦逊。但是，大地震造成的伤痕尚未痊愈，而我们周围的经济环境又极其严峻，正是在这种时刻，为了挽救日本经济，"绝对不能认输"，必须有这种斗争心。只要具备大无畏的气魄，发奋图强，努力拼搏，东北灾区的复兴并不困难。如果单靠同情心，真正的复兴将遥不可及。

现在日本企业面临各种各样的难题，有所谓"六重苦难"。但是，不管经济环境多么严峻，只要具备斗争性，持续付出不亚于任何人的努力，一定能开拓出生路。

这种情况出现在日本代表性的综合电子企业、半导体企业里，这些企业脆弱到开始出现崩坏的迹象。在竞争中负于韩国、中国的企业，然后懦弱无力，丧失斗争心，要求外援或依赖他人出资相助，最后甚至会从事业中败退，将企业卖掉了事。

另一方面，在部分产业界，出现了从产业革新机构等政府部门获取资金、以图重建事业的动向，这也是一个问题。这种向上伸手依赖政府的态度果真能把企业经营好吗？我认为，缺乏无所畏惧的气魄，缺乏独立自尊的精神，不能激起战胜对手的强烈斗争心，企业绝对经营不好。

具备坚强意志、燃烧般斗争心的领导者，在如今的日本大企业高层干部中几乎没有。在富裕环境中培育起来的人才，他们毕业于名牌大学，在"蝶呀花呀"的优越条件下成长，他们头脑聪明，却缺乏真知灼见，只看重眼前的利益，这样的人成了大企业的重要干部；备尝艰辛，燃烧斗魂，在摸爬滚打中崛起的人物在企业干部中已经不存在。我认为这才是现在日本经济低迷的根源所在。

还有，现在以家电企业为代表，在日本的产业界有一种约定俗成的风气，似乎只要有3%～4%的销售利润率就算不错了。但是，这种情况下，稍有经济变动，利润就马上泡汤，跌入亏损的泥潭。只要有利润，哪怕低收益也行，日本经营者的这种常识必须从根本上改变。

"要改变你所在的世界"。从认为低收益是常识的世界，立即改为"没有10%的利润不能称为经营"的高收益的世界。起用具备"斗争心"的人才，灵活应用日本企业具备的经营资源，10%的利润一定能做出来。

日航前期的销售利润率达到了17%，这件事证明了，即使在低收益的航空运输业，绝对不让日航二次破产的强烈意志，再次成为世界第一的航空公司的雄心和斗魂，不懈地努力，千方百计地创新钻研，只要这么做，结果就能突破行业的常识，实现高收益。

现在，在低收益或亏损中苦苦挣扎的日本电子电器产业，以及担忧衰退的其他产业都一样，只要努力奋斗，一定能够提升效益，大幅度扩展自己的事业。

要改变自己公司所在的世界，坚强的意志和执行力，也就是斗争心必不可少。在艰难困苦中锤炼了强烈斗争心的人应该挺身而出，尤其是集聚在盛和塾经营中小企业的各位企业家，希望你们一定要燃起斗争心，把企业经营得更加出色。

因为日本在战败后的一片废墟之中，燃起不屈不挠的斗魂，才有了复兴。为发展企业、振兴日本经济竭尽全力的松下幸之助先生、本田宗一郎先生、井深大先生等创业型经营者，他们原本都是中小企业的经营者。

以"燃烧的斗魂"引领企业的发展，站在日本产业界前头努力奋斗，必须有这样的中小企业经营者再次涌现，让企业充满活力，并塑造新的日本。

作为战后第二代经营者，我一直注视着松下先生、本田先生、井深先生的背影。我对现在年轻的经营者讲这些话，在他们背后助一臂之力，我认为这是上天赋予我的使命。

因为有这种强烈的意识，今天我才讲了这番话。

激起燃烧的斗魂，以美好的心灵做指针

聚集在盛和塾的企业家们都秉持一颗美好的心灵，我们从根本上具备这样美好的利他之心。正因为我们具备了纯洁而美好的根性，所以我们必须重新唤起斗争心，唤起燃烧的"斗魂"和拼搏的精神。

我们懂得经营企业必须具备美好的心灵，并不断努力提升自己的心性。这样，即便在人生和经营中发挥出猛烈的、激昂的斗争心，我们也决不会走错方向。美好的心灵就是指针，它能够指引我们笔直地朝着正确的方向前进。

通过今天的讲话，我衷心祈愿聚集于盛和塾的企业家们能够度过更加美好的人生，能够领导自己的企业更

好地成长发展。我衷心祈愿在盛和塾切磋琢磨、互相帮助、互相感应的"磁场"当中，能够不断涌现出世界领先的优秀的企业经营者。

┌── 要 点 ──┐

如果想把企业经营得有声有色，那么，首先必须提高作为经营者自己的心性。我借助"提高心性，拓展经营"这句话，不断解释说明。

○

经营者对于自己企业的哪个部门销售额是多少，花了多少费用，都要尽可能迅速并详细地掌握，这如同飞行员要看着仪表盘上的各种数字驾驶飞机一样。

○

不仅依靠自己的力量，而且要采取与宇宙的意志相一致的态度去经营企业，度过人生。在人生和经营中只要秉持一颗纯洁的、正直的心，神灵一定会出手相助，这就是所谓的"天佑"。

○

企业经营波澜万丈，起伏不定。昨天还在帮助我们的友人，今天就突然破产了。人生也一样，一寸光阴之后将会怎样，完全无法预知。正因为经营和人生如此残酷无情，所以就必须用自己优秀的人格、高尚的人生观来感化对方。这样，对方的心就会被打动，就会以真情相报。

○

作为经营者，必须思善行善，以感化、改变自己的员工以及公司周围所有的人。这样做，一定善有善报，出现善的循环。这是人世间的真理。

○

学习哲学，经营者提升心性，具备优秀的人格，这当然很重要，但经营企业不是仅仅具备这一条就够了。只具备善良的、美好的心灵，但对企业的收支缺乏严格的管理，面对萧条坚决克服的气魄不够，要让企业持续成长发展是非常困难的。

○

仅仅靠善良、关爱不能经营好企业。即使处于严酷的经济萧条之中，无论如何也要增加销售，确保利润，必须具备这种让人望而生畏的、强烈的斗魂和气魄。仅靠纯洁的心灵无法经营好企业。

○

在企业经营中，"斗争心"，同才干、领导力并列，是必不可少的成功条件。不能像只会汪汪叫的弱小的狗，而要像土佐猛犬一样，一旦咬住，决不松口。这样一种决不放弃的执着心、强烈而深沉的斗争心，绝对必须。缺乏必胜的信念和燃烧般的斗魂，经营无法成功。

○

人不被逼入绝境，就不能成事。一度树立起目标却不能实现，下次又这样。如果这种情况反复多次，那么这支部队没有了战斗力。没有胜利的经验，不懂获胜的要领，这样的团队根本不行。

○

斗争心和意志力是一把双刃剑，超过限度，错误使用，就有毁灭自己和部下、毁灭团队的危险。正因为如此，提升人格、提高心性非常重要。

○

既有斗争心又有意志力、工作能干、能带领企业发展壮大的领导人，当他们身上的负面因素冒头时，就有毁坏组织、毁坏组织成员的危险。因此，对这样的人，提升人格、提高心性，就显得尤为必要。

○

关爱他人的美好之心必不可少，但只靠这一条企业会在市场竞争中落败，会被淘汰出局，整个国家也会在全球竞争中走向衰落。时代发生了巨变，经济环境处在激剧的变动之中。正因为处在这种混沌的状况中，我们才更需要奋勇拼搏的精神，更需要"斗争性"，这样才不至于在乱局中迷失方向，在环境的大变动中失败衰退。

○

"要改变你所在的世界。"从认为低收益是常识的世界，立即改为"没有10％的利润不能称为经营"的高收益的世界。

○

以"燃烧的斗魂"引领企业的发展，站在日本产业界前头努力奋斗，必须有这样的中小企业经营者再次涌现，让企业充满活力，并塑造新的日本。

○

我们从根本上具备这样美好的利他之心。正因为我们具备了纯洁而美好的根性，所以我们必须重新唤起斗争心，唤起燃烧的"斗魂"和拼搏的精神。

○

懂得经营企业必须具备美好的心灵，并不断努力提升自己的心性。这样，即便在人生和经营中发挥出猛烈的、激昂的斗争心，我们也决不会走错方向。美好的心灵就是指针，它能够指引我们笔直地朝着正确的方向前进。

企业治理的要诀：调动员工的积极性

在洛杉矶盛和塾塾长例会上的讲话

——2012 年 10 月 2 日

这次讲话是稻盛 2012 年 10 月在洛杉矶盛和塾塾长例会上的讲话。洛杉矶盛和塾是 2004 年以 USA 盛和塾（美国盛和塾）的名称设立的，后来北美各地都成立了盛和塾，USA 盛和塾就改名为洛杉矶盛和塾。

聆听这次讲话的不仅有北美的塾生，还有来自巴西和日本的塾生，共计 400 人。稻盛从如何调动员工积极性的角度讲述了企业治理的要诀。

当京瓷还是小微企业时，是如何激励员工的；当创建新事业时，怎么才能让员工明白事业的意义；在重建日航时，又是如何改变了员工的意识。稻盛结合自己丰富的经营体验做了具体的说明。

回归经营的原点

今天我想以"企业治理的要诀"为题，来谈一谈在治理企业的时候，经营者应该怎样来激励企业的员工。这是一个重要的问题，我想从基本谈起，因为洛杉矶盛和塾塾生的企业几乎都是小微企业。虽然也有个别员工数百人、销售额超过数百亿日元做大生意的人，但听说绝大多数都是员工四五人、销售额数亿日元的企业。从日本来的塾生也差不多，虽然有经营大企业的人，但大多是小微企业、中小企业、中坚企业。

要让自己的企业成长发展得更大，或者要创立新的小企业并要让它成长发展，需要重新回归原点。我希望我的思考可供大家参考。

我讲的都是基本的非常朴实的道理，是小企业成长发展为大企业的基本经验，是所谓企业治理基础中的基础。

把员工当作伙伴

企业经营最初级的形态，就是自己单枪匹马，或者与夫人一起创业，开个家庭作坊或个体商店。但是靠这种形式，不管个人多么勤奋，也很难有余力来拓展经营。想要扩大事业规模，就必须得聘用员工，哪怕是一两名员工，与他们一起工作，谋求企业的成长发展。

在聘用员工时，作为雇主，经营者会开出条件，比如月薪是多少。应聘者如果接受，就会同意在这种条件下提供自己的劳动力。这是由签订雇用合同形成的一种买卖性的劳资关系，双方本来就不是合作经营的伙伴。

但是，经营者个人再努力也有限度。特别是小企业，没有可以依靠的人。因此，须把身边仅有的几名员工当作共同经营的伙伴，让他们与自己想法一致，努力工作，支撑事业的发展。必须让他们和自己同心同德、同甘共苦，成为共同经营的合作伙伴。

也就是说，要把员工当作"共同经营者"对待，这是很重要的。员工是一名也好，两名也好，从录用那一刻起，就要把他当作共同经营的伙伴迎入公司，并对他说："我就依靠你了！"而且平时就要用这种诚恳的态度对待他们。

"这么做的话，员工会小看我吧！"无意间我们常会这么去想。但这种想法是不对的。从正面对员工直言相告"我要依靠你",这种态度才是构筑公司内部正确人际关系的第一步。

"各位员工,让我们齐心协力把公司发展起来,请大家从各个方面来帮助我。我把大家当兄弟、当父子,与大家一起工作。你们不要把自己仅仅当作工薪族、打工者,和我一样,你们也是企业的主人翁。让我们以这种心态共同奋斗吧!"这些话必须当面对员工讲清楚。

首先是"我要依靠你"这句话,接着是经营者把员工当作共同经营的伙伴这样一种姿态。只要这么做,就能够点燃员工的热情。特别是对于小企业来说,做到这点非常重要。

我在创立京瓷后不久,就利用各种机会,敞开胸怀,积极地向员工讲述自己的想法,讲述公司将如何发展。我这么做,就是因为我把员工当作了共同经营的伙伴。既然是我的经营伙伴,就必须让他们理解我的想法。

同时,也正因为我把员工当作伙伴,员工才会认真地、用心地倾听我的讲话。"这样的社长,我甘愿追随。虽然公司的待遇并不高,但这个人我跟定了,我愿意一辈子跟他走。"为了让员工萌生这样的想法,为了在企业里构建如此牢固的人际关系,我殚精竭虑,拼命努力。

因为是小企业，提供给员工的条件有限，待遇确实不高，相反工作却很艰苦，但是对社长的期待很强烈。"单论条件，还有更好的公司可去。但与其跳槽，不如在这里加油，尽管这是一个不起眼的小公司。"必须努力让员工产生这样的想法。

"既然社长这么说了，我就得全力去协助他！"要让员工发自内心地说出这样的话，建立与员工心心相连的关系。小企业要发展，首先要做到这一条。

经营者要给员工发工资、发奖金，但是你必须超越与员工的这种金钱上的利害关系。无论如何也要跟定这位社长，必须与员工建立起这种心心相印的关系。否则，公司绝不可能顺利发展。

心心相通，具备"一体感"、想法一致的公司，致力于构建这样的组织，这就是企业统治的第一步。

让员工迷恋社长

但是，尽管我们努力去构建这样的关系，有时我们信任的员工仍然会辞职离去，这是最让经营者感觉悲哀的事。"这个人是可用之才！"正当你信任他、期待他，并委以重任的时候，他却轻易地辞职而去了。

发生这样的事，甚至会让社长产生自我否定的感觉。"这家伙大有可期，今后或许能成为公司的台柱。"当你看重他，目光注视他的时候，他却瞧不起公司，嫌弃而去。对于每天全力以赴、认真工作的经营者而言，这是最寂寞、最苦闷、最无奈的事了。

为了不发生这种令人痛苦的事，必须与员工维系牢固的心灵纽带，与他们建立起发自内心的、令人感动的、心心相连的人际关系，经营者一定要千方百计，努力再努力。

有一件事让我再次痛感与员工建立这种关系有多么重要。那是我从零开始创建的又一家企业第二电电，当它成为新生的 KDDI 后 5 周年，即 2005 年的时候。当时有四五位从 KDDI 退休的经营干部，招待我们夫妇俩一起外出旅行。他们在京瓷幼小时期就进了公司，勤奋工作，后来又被派到 KDDI，对京瓷和 KDDI 的发展都是有功之人。

行程安排打高尔夫球，在旅馆住一宿，晚上举办谢恩会。我接受了邀请，大家一边喝酒，一边推心置腹深入交谈。我说道："当初的京瓷只是京都的一家小企业，毫无名气。那时的大学毕业生是不肯进京瓷这种小型企业的，除非他们别无去处。但是你们却进来了，所谓'破锅配破盖'，也算门当户对吧。当时聚集到京瓷门下的，都是资质平庸的人。就是靠着大家拼命努力，才有了京瓷的今天。"

我说到这里，他们说，当时亲戚朋友都着实为他们担心："什么京瓷公司，从来没听说过。这公司可靠吗？还是找一家靠谱一点儿的企业吧。"

但是，接着他们却这么说："没错，我们对未来很担忧，但在见到稻盛以后，心里就冒出一个念头：如果是这个人的话，我们甘愿追随，无怨无悔。就凭这一信念，我们一直努力奋斗，直到现在。"

如今，他们都拥有了相当的资产。在京瓷上市前，我把京瓷的股票按面额分给他们。一旦变现后，他们都成了大资本家。所以，他们又说道："我今年已经 65 岁了，和老婆孩子过得悠然自得，感觉很幸福。正因为遇到了你，才有了我的今天。"大家都为在京瓷度过的这段人生由衷地高兴。

可我说:"其实,了不起的是你们。来到京瓷这个破公司,信任我这个没有经营经验、没有工作业绩、才30出头的年轻人,任劳任怨,心无旁骛,一直跟随我,才有了今天。这不是我给的恩赐,是你们自己奋斗的结果。"

于是他们这么说:"不!我们真的很幸运。当时,我们有些同学进了好公司,一时很得意,神气活现的,可如今好比落败的公鸡,蛮可怜的。一开同学会,他们就很羡慕:'你这家伙运气好!运气好!'无论碰到谁,都赞叹我们人生幸福。"

"今天的幸福生活来之不易。当初,从年轻时开始,只管一味相信稻盛,夜里睡眠不足,假日很少休息,跟着稻盛打拼,才有了我们的今天。"

感慨他们说这样的话来感谢我。当时京瓷创业不久,还是小微企业,进入京瓷,随即辞职的人很多。当时留下来坚持到退休的这些人,前后历经40年,还特意为我开谢恩会,说这些情深意切的话。就是要培育这样的员工,经营者必须在公司内构建这样的人际关系。

爱戴你这个社长,迷恋你,去哪里都愿追随你,要培养这样的员工。在这种心心相连的人际关系的基础之上,加快企业发展,让员工获得幸福。这就是企业经营者的要务。

全方位的信任，无条件的追随，这说明员工爱戴你这位社长。首先，诸位社长，你们必须要让员工发自内心地爱戴你，钦佩你。

那么，要获得员工的爱戴，该怎么做才好呢？很简单。如果你只爱自己，那么谁也不会爱你。忘却自我，乐于自我牺牲，优先考虑员工，只要你这么做，员工就会爱戴你。

所谓让员工爱戴，就是要让员工迷恋你，被你的魅力所倾倒。"迷恋"这个词似乎不好听，总之，要把员工当成共同的经营伙伴。为此，经营者必须能够自我牺牲。

所谓自我牺牲，首先是经营者在工作中必须比员工更努力、更拼命。下班以后，钱少点没关系，要自掏腰包来犒劳员工，体现对部下的关爱体谅。经营者用这样的自我牺牲来打动员工的心。首先，这是前提。

拼命诉说工作的意义

当然，仅做这些还不够。在京瓷的创始期，我不仅在感情上打动员工的心，而且诉诸理性，努力用道理来说服员工，激发他们的积极性和主动性。那就是讲述"工作的意义"。这对中小企业的员工而言，可以起到很大的激励作用。创业时期的京瓷就是这么做的。

现在的京瓷，是精密陶瓷行业首屈一指的企业，被称为拥有尖端技术的高科技企业。确实如此。但在精密陶瓷的制造现场，却与高科技的形象有落差。特别是在京瓷创业初期，连厂房都是借来的老旧木房，根本感觉不到高新技术企业的氛围。

精密陶瓷所用原料是极细颗粒的金属氧化物。原料的调配工序、用压机压制的成型工序，还有将烧结后的产品加工到符合尺寸精度的研削工序，工作现场粉尘飞扬。

还有，烧结成型后的产品的烧制工序，要用1000多度的高温，当温度超过1700度时，火焰不是红色，而是一片白光，如果不戴作业专用的眼镜，连炉内都无法观察。因为温度太高，在夏季，劳动环境异常恶劣。

也就是说，虽然是制造精密陶瓷，但实际上是所谓三K（脏、累、险）工作，即非常细致、非常辛苦的劳作。所以员工上岗后，马上就是满身粉尘满身汗。员工们一点也感觉不到这是高科技的活儿，体会不到工作的意义。

我最初工作的企业松风工业是一家制造绝缘瓷瓶的公司，当时与我一起进厂的一批人，后来同我一起创建了京瓷。当时我就觉得一定要想办法提高他们对工作的热情，提升并维持他们对工作的主动性、积极性。

为此，我采用的办法就是向他们讲述工作的意义。在晚间工作结束之后，我经常把他们召集在一起，讲下面一番话：

"大家日复一日，揉粉、成型、烧制或研削，或许大家觉得这是又单调又枯燥的工作，但绝非如此。

"现在大家手头的研究，具有学术上的价值。无论是东京大学的教授、京都大学的教授，还是从事无机化学研究的专家，至今没有一个人在着手进行这种氧化物烧结的实用性研究。我们现在是在研究最尖端的技术，我们工作的意义重大。

"还有，我们现在所做的课题，全世界也只有一两家公司在做，堪称全世界最先进的研发。这种研发一旦成功，我们的产品将被广泛使用，将对人们的生活做出巨大贡献。而这个社会意义重大的研发工作是成功还是失败，完全取决于你们，取决于你们每天的工作。拜托你们了！"

这样内容的话，我每天晚上都会对员工讲。如果只是简单地下指示，"在乳钵中将这粉末和那粉末研磨混合"，那么员工产生不了任何工作热情。所以，我总是谆谆告诉他们，"混合粉末"这一行为中蕴含了多么重要的意义。

当时还是20世纪50年代中期，第二次世界大战刚过去10年，又逢经济萧条，日本还很穷困，找工作都很困难，高中毕业后，好歹进了家公司，只要每个月能领到薪水就满足了。当时几乎所有的人都这么想。

但是，当他们发现了自己工作中所包含的意义，他们就会热情高涨，最大限度地发挥自身的潜力。我就是这么想的，所以在工作结束后，每天晚上我都把他们聚集起来，不厌其烦地向他们诉说工作的意义。

向员工阐述工作的意义，加上我开始时讲的乐于自我牺牲，这两条发挥了很大的作用，员工因此爱戴我这个经营者。

揭示远大的目标

在这基础之上，为了进一步提高员工的积极性，鼓足他们的干劲，我采取的措施就是揭示企业的愿景目标，也就是"vision"。

从京瓷还是中小企业的阶段开始，我就一直向员工诉说我的梦想：

"我们生产的特殊陶瓷，对于全世界电子产业的发展不可或缺，让我们向全世界供货吧！

"如果能做到这一点，那么，虽然起步时我们是一个毫不起眼的街道工厂，但我想把它变为街道第一，就是原町第一的公司；成为街道第一后，就要成为中京区第一；成为中京区第一后，就要成为京都第一；成为京都第一后，就要成为日本第一；成为日本第一后，就要成为世界第一。"

京瓷在京都市中京区西面的京原町创立，所以先说"原町第一"。那时，京瓷还是借他人厂房的一角，员工只有几十人，年销售额不足一亿日元的小企业。但从那时起，我就不断向员工鼓吹"京瓷要立志成为日本第一、世界第一的企业"。

但是，实际上，从最近的市营电车站到公司这一段短短的距离中，就有一家大型企业——京都机械工具公司。从早到晚，"当！当！"的压机声响个不停，一派生气勃勃的景象。这家工厂生产维修汽车用的扳手、钳子等车载工具。而京瓷还在借用人家的木结构仓库，跌跌撞撞，刚刚投产，不过是一个才起步的小企业。

因此，嘴上说要成为街道第一，但员工听的时候脸上的表情是："要做到比上班路上的那家大型企业还要大，怎么可能呢？"就连说豪言壮语的我自己，当说这话的时候，也没相信真的能做到。

更不用说"中京区第一"了。中京区有一家上市企业岛津制作所，后来这家企业还有人得了诺贝尔奖。这家企业是全世界分析仪器制造商中非常出名的公司。要成为中京区第一，就必须超越岛津制作所。这根本是不可能的事！

尽管如此，我依然不知疲倦、不厌其烦地向员工诉说梦想："要成为中京区第一，京都第一，日本第一，世界第一。"

于是，起初半信半疑的员工们不知从何时起就相信了我所说的梦想，并且为实现这一梦想齐心合力，努力奋斗。我自己也逐渐将这一梦想变成了确实的目标。

其结果是，京瓷在精密陶瓷领域超越了原本领先的巨型企业，成长为世界第一的公司。同时，京瓷展开了多项事业，成长为年销售额超过 1 万亿日元的企业。

聚集在企业里的人们，是否具有共同的梦想、共同的愿望，企业成长的能力将大相径庭。企业的全体员工共同拥有美好的愿景、远大的目标，大家都具备"非如此不可"的强烈的愿望，那么强大的意志的力量就能发挥出来，组织就会产生巨大的能量，跨越一切障碍，朝着梦想实现的方向前进。

实现梦想、实现愿望的力量的源泉就是"愿景和目标"。"要把公司做成这种理想的模样！"描绘这样的愿景，与员工共同拥有这样的愿景，把他们的积极性最大限度地调动起来，就能成为推动企业发展的巨大的力量。

企业的目的是什么：确立使命

再进一步，为了维持员工的热情，保持他们的积极性，让他们不动摇，不松劲，就需要"mission"，换句话说，就是明确公司的使命，并与全体员工共同拥有这一使命。

让我理解这个"mission"，也就是明白京瓷公司使命的契机，就是公司创立后第三年发生的员工的反叛事件。当时京瓷还是一个很小的企业。

公司创立第二年录用的十余名员工，经过一年的工作磨炼，已经成了生力军。我查了当时的笔记，时间是创立后第三年的 1961 年 4 月 29 日，正好是昭和天皇的生日，属于节假日，但当天仍在加班。突然，十余名员工来到我的面前。

"奖金至少多少，工资涨幅每年至少多少，你要给我们承诺。进厂时，我们原以为是一家不错的公司，谁知道是个刚刚成立的、弱不禁风的小企业。我们心里非常不安。你作为经营者，要给我们一个保证，否则我们集体辞职，我们已经做好准备。"他们这样逼迫我。

我对他们说："保证工资和奖金的涨幅，做这样的承诺是不可能的。"我解释了当时公司的处境、现实的状况，但说不服他们。谈了三天三夜，我还把他们带到了自己家里。最后我说："虽然对将来的事情无法做出保证，但我一定会把企业办成让你们满意的好公司，请你们相信我。"这样总算把事态平息了。

然而一部分员工却不认同，"工资怎么涨，奖金怎么加"，他们来要求待遇上的保障，这让我愕然。

当时，我鹿儿岛的老家仍然十分贫困。我是家里七兄妹中的老二，父母兄弟节衣缩食，好不容易才让我上了大学。所以，我参加工作以后，多少也得给家里一点经济上的支持。实际上，虽然少得可怜，我还是每个月都给家里寄钱。

对家里的亲人尚且照顾不及，但那些与我无亲无故的旁人，却向我提出要保障他们现在乃至将来的生活，这让我感到困惑。

"早知如此，就不该创业，当个工薪族，进一家公司，把自己的技术发扬光大，那不是更好吗?"说实话，我当时真这么想的。

然而，再三思考后，我终于意识到：让员工生活幸福，这才是企业存在的目的。于是，我一口气定下从"追求全体员工物质和精神两方面的幸福"开始的京瓷公司的经营理念。

其实，京瓷创业之初，我把创业目的定位为：让稻盛和夫的技术问世。毅然抛弃自己作为技术人员的理想。当时只有 60 名员工，我决定把"追求全体员工物质和精神两方面的幸福"作为企业经营的目的。同时，作为社会公器，企业还应该承担社会责任，所以，我又加上"为人类社会的进步发展做出贡献"这一条。这样就制定了京瓷的经营理念。

确立了这一经营理念，我就向全体员工宣布："京瓷公司今后就把这个理念所倡导的宗旨作为经营的目的。"

这一经营理念的确定，对于激发员工的热情，调动员工的积极性，发挥了巨大作用。

如果把京瓷作为稻盛和夫技术问世的场所，我自己当然会意气风发，全力以赴投入研究，接连不断地开发出新产品。但从员工的角度，他们一定会想："让我们拼命工作，目的不过是推广稻盛和夫的技术，让稻盛和夫名扬天下。"

还有，即使公司发展顺利，员工也可能会想，那不过是增加了稻盛和夫的个人资产。因此，如果企业的目的，仅仅归结到实现某个个人的私利私欲，那么，点燃员工的热情，调动员工的积极性是不可能的。

当初，在制定这一经营理念时，我还没有意识到这个理念中所蕴含的"大义名分"，但现在回头来看，在这个朴素的理念中包含了不起的"大义"。

所谓"大义"，在辞典中的定义是："人应该奉行的重大的道义。"如果是这样，"大义"就必须是脱离"私"、追求"公"的行为。"实现全体员工物质和精神两方面的幸福"这样的企业目的，就超越了经营者个人的私利私欲，是为了员工，这就体现了"公"，这正是"大义"之所在。"大义"具有鼓舞人心的巨大力量。

虽然不是"实现世界和平"那么宏大的目的，但要让汇集到企业的员工都获得幸福，这样的企业目的，就能让全体员工从内心产生共鸣，就可能让企业为大家所共有。另外，因为一切都问心无愧、毫无歉疚，所以作为经营者，我可以堂堂正正，毫不踌躇地全力投入经营。

这一理念构筑了京瓷企业文化的基础，造就了今日的京瓷。具备全体员工能够共有的、可以提升员工士气和调动员工积极性的、光明正大的企业目的，这是企业治理中最重要的事情。

崇高的大义导致了事业的成功

第二电电（现在的 KDDI）的创业成功，道理也一样。

当时，销售额不足 2000 亿日元的京瓷向销售额超过 4 万亿日元的巨型企业电电公社（现在的 NTT）发起了挑战。第二电电成长发展为今天的 KDDI，也是因为它的创业动机是建立在大义的基础之上。

当通信事业允许市场自由竞争时，我希望有日本的大企业组建新公司来对抗电电公社，通过竞争降低通信费用。但因为畏惧庞然大物 NTT，谁也不敢出面挑战。

这样下去，NTT 将继续维持它的垄断地位，或者只会出现形式上的竞争企业。那么，当信息化社会到来的时候，因为通信费居高不下，日本必将落后于时代。对此我十分担忧。

在这种情况下，京瓷才决定举手报名，挑战 NTT。创建第二电电，归根结底乃是出于"为国民降低通信费"这一纯粹的动机，也就是说，出于大义名分才创立了第二电电这个企业。

因此，我召集第二电电的员工，鼓励他们："让我们来努力降低国民的通信费。能够参与如此伟大的事业，我们的人生一定会变得更有意义。这是百年不遇的机会，在这项宏大的社会改革开始之时，我们有幸亲临现场，我们应该表示感谢。让我们努力奋斗，成就这项伟大的事业吧！"

此外，在京瓷之后举手报名参与的还有国铁，它们认为："自己拥有铁路通信的技术，有通信方面的技术人员。同时，在东京、名古屋、大阪之间已铺设通信干线，只要在新干线的侧沟中安放光缆就行。另外，与国铁有交易的企业有很多，以它们为中心，很容易获得大批顾客。与以京瓷为主体的第二电电相比，在所有的方面它们都具有优势。"于是它们设立了日本 Telecom 公司。

还有，以日本道路公团以及丰田汽车为主体的日本高速通信公司也应运而生。旧建设厅是它们的后盾，它们也可以沿着东京、名古屋、大阪之间的高速公路铺设光缆，简单地完成基础设施，而且丰田具备强大的销售能力。

这就是说，除了第二电电之外的这两家公司，它们开展通信事业，并不是出于大义名分，而是基于利害得失。

三家公司在市场上展开了激烈的竞争。结果，国铁卖掉了日本 Telecom，而日本高速通信公司，被现在的 KDDI 合并收购了。

如今，在新电电公社的三家公司中，只剩下从第二电电发展而来的 KDDI，它已经成长为仅次于 NTT 的综合电子通信运营商。又有技术、又有资金、又有信用、又有销售能力，一切条件全都齐备的企业失败了，而只具备大义名分，没有资金、没有技术，什么都没有的第二电电却成功了。

我认为，这件事情证明了一个道理：确立具备大义名分的企业目的，对于推进事业而言有多么重要。

再举一个例子。京瓷长期以来从事的太阳能事业也是一样。当今，世界太阳能市场迅速扩展，大规模太阳能发电站计划争先恐后涌现出来。各国的生产商纷纷涌入日本，市场竞争空前激烈。

但是，早在 30 多年前，京瓷作为世界太阳能事业的先驱，就已经开始开发和批量生产太阳能电池。当时，在日本有一个普及太阳能发电的团体叫"太阳光发电协会"，我出任第一代会长，这个职务担任 12 年，为太阳能电池的普及和启蒙付出了相当多的努力。

在日本经济产业省等机构开始建立补贴制度以后，太阳能发电事业的发展终于开始步入轨道，许多企业一拥而入。而京瓷却是从很久以前就开始了艰难的尝试，历尽辛酸，创立了太阳能事业，从而站在了行业的前列，开拓前进。

在日本太阳光发电协会成立 20 周年的纪念庆典上，作为在日本推进太阳能事业的先驱，我应邀发表讲演。在数百名行业同事、专家学者面前，我讲了这番话：

"现在，随着时代潮流的变化，太阳能发电事业获得了长足的发展，这是可喜的事情。但如果只靠赶潮流来开展事业，不可能持久。为什么要开展太阳能发电事业？具备大义名分是非常重要的。"

所谓太阳能发电事业的大义名分，就是要为解决能源问题和地球环境问题做出贡献。在不久的将来，地球上的石油和天然气资源将会枯竭。同时，不削减石化燃料的使用量，不降低温室气体的排放量，就无法阻止地球暖化的趋势。为了确保人类所必需的能源，保护重要的地球环境，谋求人类的可持续发展，我们京瓷才历时多年，悉心培育太阳能发电事业。

正因为有这样的大义名分，我们才能在连年赤字的情况下，始终不离不弃，以执着的信念和坚强的意志不断推进这一事业。直到近年来，太阳能发电才终于迎来了开花期。

近年来，太阳能发电终于迎来了开花期。但是，由于种种原因，太阳能发电市场发生混乱，相关的欧美企业被迫破产，一些亚洲厂商也陷入了赤字。就在这样的环境当中，京瓷的太阳能部门却仍然能保证足够的利润并继续扩大事业。我认为，虽然彻底的成本削减确保了京瓷的竞争力，但是之所以能够做到这一点，让其他公司望尘莫及，就是因为今天讲到的，即大义名分所带来的强烈使命感让全体员工拼命奋斗，并付出了坚忍不拔的努力。

所有部门都要揭示大义名分

在京瓷的干部们汇聚一堂的会场上，我曾经讲过："京瓷所有的部门都应该揭示自己部门的大义名分。"

刚才讲道，京瓷这个企业有大义名分，有"追求全体员工物质和精神两方面的幸福"的经营理念。同样，在座的各位干部，你们在各自负责的事业部门也应该揭示大义名分。这样的话，你们的部下就会觉得"为了实现如此崇高的目的，为了这项事业的发展，我们愿意粉身碎骨"。他们就会发挥自己的积极性和创造性，主动把事情做好。

另外，在京瓷每个月召开的业绩报告会上，根据阿米巴经营，要算出每个人每小时产生的附加值，在会上，看着"单位时间核算表"，我有时会进行严厉的批评："本月的单位时间附加值不好啊！你们到底干了什么？"

但是，我并不是仅仅追究核算数字不好的责任，而是告诫他们："这个事业具有大义名分，所以投了资，要为社会做贡献。但这么差的业绩，不可能让事业发展，也不可能对社会做出贡献。要彻底查明亏损的原因，尽快想办法扭亏为盈。也就是说，必须实现事业的目的。"

如果公司领导人只会怒斥事业部长"单位时间附加值太低，核算数字太糟糕"，然后事业部长鹦鹉学舌，再去指责自己部门的员工，那么任何人都不会从内心产生必须提升业绩的想法，业绩也就无从改善。

我可以这么说："我严厉批评你，目的不是为了追求利润。但为了实现这项事业的大义名分，利润是必要的，必须促进这项事业的成长发展。正因为如此，我才不能容忍业绩低下，我才会进行严厉的批评。"这么一讲，员工的心态、员工的积极性就会完全不同。

京瓷的事业部长和各个阿米巴长相当于中小企业的经营者。我在年轻时，也就是京瓷在中小企业阶段时，我思考了企业目的，思考了大义名分。希望你们同我一样，也要树立崇高的大义名分，敢于宣告："这项事业很有意义，我愿意毕生为之奋斗。"在这样的大义名分之下，员工也会从心底产生共鸣，主动请战："这么有意义的事业，务必让我也来分担。"我们一定要营造这样的组织氛围。

京瓷的销售额已超过 1 万亿日元，事业实现了多元化。今后，为了防止组织僵化、墨守成规，为了企业的持续发展，各个事业部门必须充满活力。为此，每项事业都有必要揭示大义名分。我在京瓷内部这样强调。

盛和塾的塾生中二代经营者很多，从父辈那里继承事业的企业经营者更应该明确事业的意义。

对于只是简单地继承父亲或祖父创立的事业的塾生，我经常会说："你不过是作为社长的儿子继承了家业，你作为社长的资格在哪里？"

在小企业里，讨厌自己父辈工作的人其实不少，10人中有9人不喜欢家业。特别是有点霸气的人都会说："我不想继承父亲经营的地方小公司，我要到大城市的大企业工作，要在全球化事业中一显身手。"

当初是看不起父亲的企业，但到了40岁前后，看到自己在大企业中也不会有多大出息，于是就想，回家当社长或许也是不错的选择。

这种不靠谱的人即使在中小企业里也当不好社长。父亲那一代的许多老员工会这么想："靠我们拼命工作，没有能力的儿子才当上了社长。没有本事却摆足架子，还拿着高薪，在这样的公司里，谁还愿意卖力工作。"

因此，我会说："你父亲作为家业把企业做到现在，你成为社长后该为员工做些什么呢？公司经营的目的是什么，你应该确立具备大义名分的企业目的。"我会做这样的指导。有的人虚心听取我的意见，意识到了经营理念的重要性，明确了公司的目的，并努力与员工共有这个目的，企业由此焕然一新。

与员工一起学哲学、用哲学

如果事业目的是为私的，是为经营者个人的，那么经营者自己的内心就会羞愧不安。如果把自己的事情抛在一边，目的是为公的话，经营者的内心就会充满力量，充满自信。在刚过去的伦敦奥运会上就有这样的人，不是为自己，而是为团队、为祖国，于是能超常发挥，取得了意想不到的好成绩。

这就是大义名分的力量。如果能够摆脱私心，为对方、为周围的人着想，那么就像"真善美"所表示的，在人灵魂深处的美丽心灵就会显现，力量就会自然地涌出。而且，这种美丽心灵，同这个宇宙间流淌着的、促使一切生物成长发展的潮流合拍，所以结果也必将顺利而圆满。

为此，经营者自己要学习哲学，通过学习提升心性。同时，不仅自己要提升，而且还要给员工讲述哲学，努力让哲学为公司内的员工所共有。

为了实现崇高的企业目的，我准备以这样的思维方式、这样的哲学来经营企业。必须在公司内讲这样的话，哲学必须与员工共有。

也就是说，为了能与员工心心相通，在确立了企业的"愿景"和"使命"之后，接下来各位经营者要做的，就是讲述自己的哲学，与员工共有这种哲学。

人为什么而活，为什么而工作，我对人生是怎么思考的，我打算怎样度过自己的人生，我希望与大家一起以怎样的态度来度过人生。经营者的这种思想、人生哲学，在讲述企业的目的、使命时，自然而然会流露出来，也必须流露出来。

"既然社长有这么好的思想，我们员工也应响应，我们尊敬社长，我们要和他一起为公司的发展努力奋斗！"经营者必须要让员工产生这样的想法。

在日本的大企业里，没有企业的一把手会讲述自己的人生哲学。但是，"仅有一次的宝贵人生，我们究竟应该怎样度过？"这样的话题，自从创业以来，我一直不断地向员工诉说，这就是"京瓷哲学"。

"京瓷哲学"现在已经归纳成一本手册，有140个条目。京瓷哲学已经渗透到了员工的血肉之中，为激发员工的积极性做出了贡献，并营造了京瓷的企业精神和文化。

在盛和塾里，将近30年来我一直在讲述京瓷哲学。

久而久之，老塾生就把我的思维方式当作他们自己的思维方式脱口而出了。

可以想象一下，塾生们想说服自己企业的员工，获得员工全方位的协助，但是不知道话该怎么说才好。如果说话半生不熟，"我自己是这么想的"，说些陈词滥调，那么谁也不会相信，弄不好还会适得其反。

为此，加入盛和塾，学习我的哲学。"稻盛塾长是这么说的"，然后把这个话原原本本带回公司，原封不动地讲给干部员工。不可思议，社长果然有了权威，员工也不敢再小瞧他了。

当然，社长自己要认真学习，听盛和塾的 CD，读我的书。这样经过若干年，那已经不是稻盛塾长的东西了，而是社长自己的思想了。此时，再说"我自己是这么想的"时，思维方式就不会错，就能够说出感动人心、鼓舞人心的话。这样的话，员工就越发信任社长，公司就会团结一致、生气勃勃。

也就是说，经营者能够讲述哲学的企业就会发展，盛和塾内凡是获得成功、能够成长发展的企业无不如此。经营者自己能够讲解哲学，再进一步，让这个哲学为员工共有。其形式因企业不同可以多种多样，如果

与公司内哲学共有的程度成正比例，企业业绩会随之
上升。

提高心性，把哲学变为自己的东西

我有机会拜访一家塾生的企业，其社长室里张贴
着一张以"京瓷哲学"为题目的标语。我想，至少抬
头应该改成自己公司的名字吧，但是"京瓷哲学"几
个大字却醒目地贴在那里。在公司的走廊、楼梯旁到
处都贴着我的语录。这家公司的业绩却非常之好。相
信我的哲学，照单全收的企业、企业经营者，就能成
长发展。

自己缺乏教养，更不会去读哲学的书、宗教的书，
学生时代就不曾用功学习，语汇量也很少，因此就从塾
长讲话录中摘取，照本宣科，那样也行。

我过去就是这么做的。我从松下幸之助先生那里学
来的东西，从安冈正笃先生、中村天风先生那儿借来
的东西，为我所用。开始时用借来之物没关系，在反
复讲述的过程中，渐渐地就变成了自己的东西。

大家一定要努力将这种哲学与员工共有。共有哲学
对于日本人在海外经营企业也非常有效。

现在日本人在美国等海外创业，企业总是做不大，这是一个问题。虽然有各种各样的理由，但一般都认为是文化不同。基督教文化圈、伊斯兰教文化圈等，在世界那么多国家当中，日本文化很特殊，这才是在海外的日本企业中员工无法凝聚的原因，是企业不能发展的根本原因。大多数人都这么想。

例如，作为日本特殊的文化，"武士道"中有关"耻"的精神，外国人很难理解。还有在佛教里，"空"的概念也让人费解。

从这里出发，以这种特殊的文化背景、与众不同的日本式经营，或者说这种思维方式，向基督教文化圈、伊斯兰教文化圈的人们传递，与他们共有，就会非常困难。人们会很主观地这么去想。

但是，我认为这是不对的。基督教也好，伊斯兰教也好，或者说佛教也好，在多种多样的宗教世界里，应该存在一种与任何宗教都不冲突的普遍性的哲学。必须把这样的哲学作为自己的哲学。

这就是"京瓷哲学"。京瓷哲学一定要探根求源的话，它是以佛教哲学作为基础的。但无论在基督教文化圈内还是在伊斯兰教文化圈内谈论，决不会产生矛盾。所以，我总是自信满满、堂堂正正地在世界各地演讲。

京瓷在北美地区有约 4000 名员工，有许多关联企业，社长都是美国人，对于这些人，我也讲京瓷哲学。以信仰虔诚的基督教徒社长为首，大家都很认同京瓷哲学。而且随着企业规模的扩大，京瓷开始聘用哈佛大学、麻省理工学院、普林斯顿大学等美国一流大学和研究生院的毕业生。即使对于这些人，只要把京瓷哲学这种坚实的哲学告诉他们，"果然不错！"他们就会接受，就会共鸣。

为了有资格讲述这种普遍性的哲学，经营者自己一定要不懈努力去提高自己的心性。在企业尚小时，经营者的心性不高、器量不大，这没关系。但经营者不进步，企业就不能发展。经营者必须努力学习正确的哲学，拓展自己的器量。

要把小企业做大所需要的就是"提高心性"，希望大家通过每天反省努力提高自己的心性。经营者只要拓展了自己的器量，经营就能扩展，企业就一定能成长发展。"提高心性，拓展经营"就是经营的要诀，也是盛和塾的信条。

企业治理的要诀就是提升员工的积极性

在海外创办企业的日本经营者身处异国他乡，要雇用宗教观、人生观不同的外国员工，用组织来管理他们，同他们一起开展事业。但是，大多数这样的公司都是人数很少，销售不大的企业。

为了打破现状，让企业发展壮大，首先，作为经营者，要让员工爱戴你甚至迷恋你；同时，要给员工讲述工作的意义。然后，要树立高目标，就是揭示企业的愿景和使命，还要不断地向员工诉说企业的哲学；同时，经营者还要努力提升自己的心性。只有彻底贯彻这几条原则，企业才能不断成长。

我认为，所谓企业经营，首先就是彻底贯彻上述几条，让员工共鸣，让员工赞同，激发他们的热情，提升他们的积极性。除此之外，别无他法。

能够持续成长发展的企业，其"治理要诀"就是在这方面做到极致。当然，因为要经营企业，构建销售和物流的体制，构建管理会计和财务系统等，完善具体的经营手法、手段不用说都是必要的，但这些工作只要在专家的指导下依次去做就行了。

在企业很小且难以成长的时候，或者在小企业刚刚创办的时候，关键就是要把为数不多的员工的积极性最大限度地调动起来。为此，必须努力做好我刚才所讲的那些事情。这样做，企业就一定能够发展。

这些要诀不分企业大小都适用。我所负责重建的日航的重建也是这样。日航破产后留下了 3.2 万名员工，我认为，必须把他们的心聚拢起来，用相同的思维方式，统一他们的工作态度。所以，首先我对他们进行了彻底的哲学教育，促进了他们思想意识的改变。仅靠这一招，日航的业绩就呈 V 形恢复，接着就是直线上升。

能做到这一点，无非是员工的思想意识发生变化，积极性、主动性提高的结果。致力于意识改革和哲学共有，员工提高了自身的积极性，主动思考问题，主动参与经营，这就是日航重建成功的最大原因。

意识改革促成了日航的重生

我想再谈一谈关于日航重建的事情。

我接受日本政府和企业再生支援机构的邀请，于

2010 年 2 月就任破产重建的日航的会长。

当我正式上任后，我就感觉到破产企业之所以破产绝不是偶然的，企业的氛围和员工的意识都存在问题，这样下去后果不堪设想。为了重建日航该如何做才好，我当时非常苦恼。

当决定由我出任日航会长后，许多人都说："让一位近 80 岁的老人去搞航空运输事业，重建那么困难的日航，太失策了，简直是乱弹琴！重建根本谈不上，二次破坏必至！"

确实，我去日航时一无所有。我虽然赤手空拳从零开始创建了京瓷，后来又创建了通信企业第二电电，但对于航空事业，我完全是门外汉。我只有两件武器：一是经营哲学"京瓷哲学"；二是管理会计手法"阿米巴经营"，也就是分部门核算的制度。

我想，首先需要改变员工的意识。先是要求以社长为首的干部们以京瓷哲学为蓝本开展学习。我说："如果你们学了以后感觉这种哲学思想不错，应该与广大员工共有，那么就可以根据日航的实际情况做若干修改，编制一本'日航哲学'，然后决定以这样的思想哲学去经营日航。"

从那以后，日航的干部们花了好几个月学习京瓷哲学，每天晚上开会讨论到很晚，经过若干修改，最终编制了适合航空运输事业的"日航哲学"。

但是，因为日航的干部都是一流大学毕业的所谓精英，开始的时候，他们对哲学中所表述的朴实道德观很不理解。有的干部甚至很抵触，说什么："我们又不是小孩，好歹也都是一流大学出身的人，而且都过了50岁，对我们讲这些幼稚的道理有什么意义？"

遇到这样的干部，我就会毫不客气地斥责他们："你们都跟我的孩子年龄差不多，所以我今天不是作为会长，而是作为家长对你们说话，希望你们听好了。你们或许头脑都很聪明，但对做人最基本的思想哲学却不能理解。这样的话，你们怎么可能去指导3.2万名留任的日航员工呢。如果这里有对哲学不能接受、心怀反感的人，那就请你们赶快辞职，因为靠这样的人根本无法重建日航。"我甚至光火发怒，将湿毛巾扔到这种干部的脸上。

我如此认真地、拼命地诉说哲学，在这过程中，有一两个人开始反省："果然不错，正如会长所说，我们走出学校，知识或许不少，但对这么浅显的道理却没能理解，作为一个人来说，真的感到羞愧。"

于是，这种效应迅速扩散，反省的声音传递到其他干部："光我们学习还不够，要把自己学到的东西带回本部门，与部下分享，大家共有哲学。"

与此同时，我还去现场。机舱乘务员每天都在世界各地的上空飞行，要把她们集于一堂不太可能，所以我就分几次给她们讲话："因为你们直接面对客人，所以一切都取决于你们。我们经营班子的人不管多么努力，也无法抓住客人的心，要抓住客人的心，让客人喜欢日航，愿意搭乘日航的班机，要看你们的态度和言辞，这是决定性因素。只有你们在第一线的人真正关爱客人，让客人喜欢，日航才有可能重建。"

听到我如此诚恳的诉说，有的乘务员感动得流下了眼泪。

我还去到飞机维修保养的工场宣讲哲学："维护保养的工作不到位，飞机就不能安全飞行。你们每天沾满油污，辛苦劳作，没有你们细心地维护保养，就谈不上飞机的安全航行。你们在不为人知的地方拼命工作，我向你们表示衷心的感谢。同时，希望你们掌握优秀的哲学和正确的道德观，当好无名英雄，把工作做得更加出色。"

还有不管酷暑还是严冬都在负责装卸客人行李的飞机搬运工，还有制作飞机内餐饮的人等，我到各个部门去宣讲哲学。

当大家对哲学开始产生共鸣时，企业的业绩也随之扶摇直上。也就是说，员工的意识变了，心变了，公司就变了。在两年零八个月的日航重建中，我对此有深切的感受。

日航重建的真正原因

日航重建宛如创造了奇迹。开始时我认为，哲学与员工共有，以及实施了阿米巴经营这一分部门核算的制度，这两项是成功的原因。但经过反复思考，我觉得原因不仅仅是这两项。

其实，在日航重新上市之前，每晚临睡时，在床上我反复思考。日航有这么一个喜人的结果真是太好了。员工高兴，对日本经济也做出了贡献，真的很好。但我越想越觉得，这件事不是我做的。重建破产的日航，有利于日本经济的复兴，有利于保证 3.2 万名留任员工的生活，这是为社会为世人做好事，我是抱着这种纯粹的动机参与了日航的重建。我感觉到对于我的这种纯粹动机，上天伸出了援助之手，在背后支持和支撑着我。

我刚到日航首先揭示的是中村天风先生的一段话：

"意气高昂，一心一意，不屈不挠，坚决实现新计划！"

把这段话写成大标语，贴到各个工作现场。日本航空制订了重建的新计划，如果想让这个计划成功，就必须有无论遇到什么困难都咬牙挺住、坚韧不拔干到底、不屈不挠的一颗心。还有，意气高昂，心灵纯粹，聚精会神，排除一切疑惑，坚决把计划贯彻到底。这就是天风先生这段话的含义。

具备大义名分，只要没有污垢，纯洁美好，就一定能够借到宇宙之力。就是说，对于心灵纯粹并一味拼命努力的人的行为，宇宙会出手相助。天风先生就是这么说的。

常说："天助自助之人。"日航的重建不是我干的，是宇宙看到我纯粹的心灵，因为感动而伸出了援助之手。我深切地感受到这一点。"日航顺利重建靠的是神灵相助"，夜里我总是合掌礼拜。

"现在或许还是小微企业，期望你们在美国办出优秀的大公司。"这是我讲话的主旨，绝不是空洞的梦想。经营者保持纯粹的思想，付出不亚于任何人的努力，就一定会得到上天的加持，成长为优秀的企业。

我希望大家都能理解我今天讲话的内容，把你们的企业办成出色的企业。我衷心期待，北美盛和塾塾生经营的企业不久后能够成长为代表美国的卓越公司。

要 点

经营者个人再努力也有限度。要让员工与自己想法一致，努力工作，支撑事业的发展。必须让员工和自己同心同德、同甘共苦，成为共同经营的合作伙伴。

○

把员工当作"共同经营者"对待，从录用那一刻起，就要把他当作共同经营的伙伴迎入公司，并对他说："我就依靠你了！"而且平时就要用这种诚恳的态度对待他们。

○

从正面对员工直言相告"我要依靠你"，这样的态度才是构筑公司内部正确人际关系的第一步。

○

心心相通、具备"一体感"、想法一致的公司，致力于构建这样的组织，这就是企业统治的第一步。

○

迷恋社长，去哪里都愿追随，要培养这样的员工。在这种心心相连的人际关系的基础之上，加快企业发展，让员工获得幸福，这就是企业经营者的要务。

○

全方位的信任，无条件的追随，这说明员工爱戴社长。首先，必须要让员工发自内心地爱戴迷恋。

○

如果你只爱自己，那么谁也不会爱你。忘却自我，乐于自我牺牲，优先考虑员工，只要你这么做，员工就会爱戴你。

○

所谓让员工爱戴，就是要让员工迷恋你。"迷恋"这个词似乎不好听，总之，要让员工成为自己共同经营的伙伴。为此，经营者必须能够自我牺牲。

○

经营者在工作中必须比员工更努力、更拼命。下班以后，钱少点没关系，要自掏腰包来犒劳员工，体现对部下的关爱体谅。经营者用这样的自我牺牲来打动员工的心。首先，这是前提。

○

当员工发现了自己工作中所包含的意义，他们就会热情高涨，最大限度地发挥自身的潜力。

○

聚集在企业里的人们，是否具有共同的梦想、共同的愿望，企业成长的能力将大相径庭。企业的全体员工共同拥有美好的愿景、远大的目标，大家都具备"非如此不可"的强烈的愿望，那么强大的意志的力量就能发挥出来，组织就会产生巨大的能量，跨越一切障碍，朝着梦想实现的方向前进。

○

实现梦想、实现愿望的力量的源泉就是"愿景和目标"。"要把公司做成这种理想的模样！"描绘这样的愿景，与员工共同拥有这样的愿景，把他们的积极性最大限度地调动起来，就能成为推动企业发展的巨大的力量。

○

为了维持员工的热情，保持他们的积极性，让他们不动摇，不松劲，就需要"mission"，换句话说，就是明确公司的使命，并与全体员工共同拥有这一使命。

○

所谓"大义"，定义是："人应该奉行的重大的道义。"如果是这样，"大义"就必须是脱离"私"、追求"公"的行为。"大义"具有鼓舞人心的巨大力量。

○

具备全体员工能够共有的、可以提升员工士气、调动员工积极性、光明正大的企业目的，这是企业治理中最重要的事情。

○

意识到经营理念的重要性，明确公司的目的，并努力与员工共有这个目的，企业会由此焕然一新。

○

摆脱私心，为对方、为周围的人着想，那么就像

"真善美"所表示的，在人灵魂深处的美丽心灵就会显现，力量就会自然地涌出。而且，这种美丽心灵，同这个宇宙间流淌着的、促使一切生物成长发展的潮流合拍，所以结果也必将顺利而圆满。

○

为了让美丽心灵的呈现，经营者自己要学习哲学，通过学习提升心性。同时，不仅自己要提升，而且还要给员工讲述哲学，努力让哲学为公司内的员工共有。

○

为了实现崇高的企业目的，经营者准备这样的思维方式、这样的哲学来经营企业。必须在公司内讲这样的话，哲学必须与员工共有。

○

为了能与员工心心相通，在确立了企业的"愿景"和"使命"之后，接下来各位经营者要做的，就是讲述自己的哲学，与员工共有这种哲学。

○

为了有资格讲述普遍性的哲学，经营者自己一定要不懈努力去提高自己的心性。经营者的器量总是很小，企业就不能发展。经营者必须努力学习正确的哲学，拓展自己的器量。

○

要让企业发展壮大，经营者就要让员工迷恋；就要给员工讲述工作的意义；就要树立高目标，确立企业的愿景和使命；还要不断地向员工诉说企业的哲学；同时还要经营者努力提升自己的心性。只有彻底贯彻这几条原则，企业才能不断成长。

○

在企业很小且难以成长的时候，或者在小企业刚刚创办的时候，关键就是要把为数不多的员工的积极性最大限度地调动起来。

○

员工的意识变了，心变了，公司就变了。

○

具备大义名分，只有没有污垢，纯洁美好，就一定能够借到宇宙之力。就是说，对于心灵纯粹并一味拼命努力的人的行为，宇宙定会出手相助。

经营十二条（第一至四条）

盛和塾西日本忘年塾长例会讲话

——2012 年 12 月 11 日

　　1983 年稻盛创设了"盛和塾"的前身"盛友塾"，目的是向年轻的经营者传授经营的思维方式和方法。从那以后，盛和塾扩展到日本各地区，现在（2016 年）又扩展到美国、巴西、中国（包括台湾），塾生总数已超过 1 万人。

　　面对迅速扩大的塾生，为了重新传授企业经营的本质，稻盛把自己的经营要诀归纳为 12 条基本原则，称为"经营十二条"，分两次进行解说，这次讲话是从第一至四条。

相信"经营十二条"的力量并付诸实践

已是喧腾热闹的年末时节，但是今天仍有1200多名塾生从全国各地赶来参会。谢谢大家，辛苦了。

年底是经营者异常忙碌的时候，既要总结已经过去的一年，又要展望规划即将到来的一年。今天我想跟大家讲一讲"经营十二条"。

但是，如果要把"经营十二条"的所有内容逐一阐释，要用很长时间，所以今天先讲第一至四条，剩下的部分以后有机会再讲。

在调查后，让我感到意外的是：在日本盛和塾先前的例会上，我居然还没有跟大家讲过"经营十二条"。同时，最近又有很多新的塾生加入进来，所以我认为有必要认真地讲解一下"经营十二条"。

"经营十二条"揭示了引导企业成长发展的具体经营真谛。希望各位新塾生能够充分理解，也希望已经学过的塾生再次回归基本，重新学习，从而更好地迎接新的一年。

我之所以构思"经营十二条"，是因为我意识到，世间的现象看似复杂纷繁，但只要弄清楚驱动这些现象背后的原理，那么，实际上一切都是单纯明了的。

特别是一提到经营，人们常望而生畏，许多复杂因素交叉叠加，似乎难上加难。但是，也许是因为理工科出身的缘故，我有一个思考和追溯事物本质的习惯。在实际的研发当中，需要有把复杂现象简单化的能力。只要遵循这一习惯，将目光投向事物的本质，那么经营其实很单纯，只要能领会要诀，我想经营绝非难事。

另外，我讲的"经营十二条"语言非常简洁。有人就会说："仅仅凭借这些，真的就能搞好经营吗？"但是，以《论语》为代表，东亚凝练的语言当中蕴含着事物的真理，意味深长。这种简洁的教诲跨越时代和国境，流传至今。因为在这些简短的语言中，比如在《论语》中，就贯穿着"仁义"这一普遍性的原则。

下面要讲的"经营十二条"，立足于"作为人，何谓正确"这一最基本且具备普遍性的判断基准之上，所以我认为，它不仅超越行业和企业规模的差异，而且超越国境、文化和语言差别，普遍适用。

"经营十二条"的每一条，绝没有什么复杂难懂的内容。但是，通过京瓷以及 KDDI 的经营，通过日航的重建，已经证明了它的有效性。它是经过实践检验证实的"经营的要诀"。希望大家务必相信它的力量，深刻理解、认真实践这个"经营十二条"。

第一条：明确事业的目的和意义
——树立光明正大、符合大义名分的崇高的事业目的

为什么要兴办这个事业？这个企业存在的理由到底是什么？当然有各种各样的情况，但自己创办事业的目的及意义必须明确地表示。

其中，有人为了赚钱，有人为了养家，这些并没错。但仅靠这样的目的，要凝聚众多员工齐心协力办企业是不够的。事业的目的和意义还是尽可能以高层次、高水准为好，换句话说，必须树立光明正大的经营目的。

要让全体员工拼命工作，缺乏"大义名分"事实上是行不通的。"原来我的工作有如此崇高的意义"，这样的"大义名分"，如果一点都没有的话，人很难从内心深处产生必须持续努力工作的欲望。

我在创办京瓷时，就遭遇了"事业的目的究竟是什么"的重大考验。

当时的我还不懂企业经营应该是怎样的。"活用自己的制陶技术，开发新品，借以问世"，这就是我当时对京瓷公司的定位。那时的日本世风，轻视技术，推崇学历乃至学阀，对人的实力并不予恰当评价。为此，我对自己初次就职的公司大失所望。因此，在新公司里理直气壮地让自己的新颖精密制陶技术问世，就自然成了经营的目的。

一名技术员、一个研究者，有了自己的公司，终于可以将潜心钻研的技术成果发扬光大，当初的喜悦心情难以言喻。但想不到，创办后第三年，竟招致年轻员工的反叛。公司创立第二年，招进了十余名高中毕业生，经过一年的磨炼已成主力军。突然他们持联名状，向我集体交涉。状书上写明每年最低工资增幅、最低奖金，而且要连续增长到将来等，要求我予以承诺并做出保证。

当初招聘面试时我曾明言："公司究竟能成何事，我自己也不知道，但我必定会奋力拼搏，力争将企业办成一流企业。你们愿意到这样的公司来试试吗？"他们明白我的话，明白我事先并无承诺，但仅过一年，就来递交联名状，并威胁说"不答应条件就集体辞职"。

新公司正缺人，他们一进公司就被分配到现场各个岗位，一年下来，他们已成主力军，如果走了，公司必遭损失。但如果他们无论如何都固执己见的话，那也没办法，大不了公司从头再来。我决心已下，明确答复"不接受你们的条件"。

公司创办不足三年，我自己对公司前途仍无确凿把握，对将来的描绘，只能是"全身心投入，总会有所成就吧"这样的程度。为了挽留他们，要做出缺乏自信的、违心的承诺，我做不到。

同他们的谈判在公司没有结果，我就把他们带到自己家里。

我这样对他们说："作为经营者我绝不只为自己，我倾全力把公司办成你们从内心认可的好企业，这话是真是假，我还无法向你们证实，你们姑且抱着'就算上当也试试'的心情怎么样。我拼上命也要把事业做成，如果我对经营不尽责，或者我贪图私利，你们觉得真的受骗了，那时把我杀了也行。"

熬了三天三夜，推心置腹，他们总算相信了我，撤回了所提条件，不但留下了，而且倍加努力，埋首工作。

当时这些"造反派"陆续都成了京瓷的骨干，这是后话。但这一事件让我意识到了企业经营的根本意义，成了我转变经营目的的契机。

此前的企业目的是"技术问世"，对公司前景的展望，不过停留在"只要废寝忘食地干，饭总能吃饱"这种水平之上。而且，我在七兄妹中排行老二，乡下亲兄弟尚且照顾不及，为什么要保证非亲非故、刚进厂不久的员工，包括他们家属的终生幸福呢？

可是员工提出了这样的要求。这次艰难的交涉，让我从内心深处理解了员工的愿望。这时候我才开始意识到企业经营应有的真正目的，这目的不是"圆技术者之梦"，更不是"肥经营者一己之私腹"，而是对员工及其家属现在和将来的生活负责。

这次纠纷教育了我，让我明白经营的真正意义应该是经营者必须为员工物质和精神两方面的幸福殚精竭虑，必须超脱私心，让企业拥有大义名分。

这种光明正大的事业的目的和意义，最能激发员工内心的共鸣，获取他们对企业长时间、全方位的协助。同时，大义名分又给了经营者足够底气，让经营者可以堂堂正正，不受任何牵制，全身心地投入经营。

从这一事件获得启示和教训，我就把"追求全体员工物质和精神两方面的幸福"放在京瓷经营理念的第一位。同时，企业作为社会一员必须承担相应的社会责任，所以还要加上"为社会的进步发展做出贡献"，至此形成了京瓷的经营理念。

此后经过了50多年时间。企业创建不久，就转变并明确了事业的目的意义，明确了公司的经营理念，这真是幸事。我坚信，此后企业的一切发展，都不过是贯彻这一正确经营理念的必然结果。

现在回想起来，那个时候我们就确立了京瓷这家企业的"使命"。实际上，在后来的企业经营当中，我也一直在努力确定组织的使命，或称"大义"，并努力让这样的使命和大义为整个组织的全体成员所共有。

揭示组织的崇高使命，让全体成员共同拥有这个使命，才能使每个员工都具有使命感，感觉到自己工作的价值，这是推动事业成长发展的原动力。京瓷多年倾注心血的太阳能事业就是一个很好的例子。

现在，日本开启了电力全量购买制度，大规模太阳能发电站计划争先恐后涌现出来。包括来自中国等的海外生产商也纷纷涌入日本，市场竞争空前激烈。

而在这个局面出现之前很久，在 30 多年前，京瓷作为全世界太阳能事业的先驱，就已经开始开发和批量生产太阳能电池了。近年，日本经济产业省等开始发放补助金，太阳能发电事业终于步入正轨，于是各公司蜂拥加入。

京瓷的太阳能发电事业的使命、大义名分，就是要为解决能源问题以及环境问题做出贡献。在不太久远的将来，地球上的石油资源和天然气将会枯竭。另外，只有削减石化能源的使用量，减少温室气体的排放，才能减缓地球的温室效应。正因为如此，需要在确保人类所必需的能源，保护重要的地球环境的同时，谋求人类的可持续发展。所以，京瓷才历时多年，悉心培育太阳能发电事业。正因为有这样的大义名分，我们才能在连年赤字的状况下，始终不离不弃，以执着的信念和坚强的意志不断推进这一事业。

近年来，太阳能发电终于迎来了开花期。但现在，因为受某些生产商的廉价销售，太阳能发电市场发生混乱，相关的欧美企业被迫破产，日本生产商有的也陷入了赤字。就在这样的环境当中，京瓷的太阳能部门却仍然能保证足够的利润并继续扩大事业。我认为，虽然彻底的成本削减确保了京瓷的竞争力，但是之所以能够做到这一点，让其他公司望尘莫及，就是因为今天讲到的，即大义名分所带来的强烈使命感，让全体员工拼命奋斗，付出了坚忍不拔的努力。

第二电电（现在的 KDDI）的成功也是一样。正因为具备了使命和大义名分，才能够成功进入通信领域。也正是因为有了使命感，才在被公认为最不利的竞争条件下，全体员工都能怀抱强烈的成功愿望，顽强奋斗，将事业发展到今天这个规模。

20 世纪 80 年代中期，通信事业开始自由化，我期待能够与电电公社（NTT）对抗的日本大企业设立新公司，与之展开竞争，由此降低国民的通信费用。但是，因为惧怕庞然大物 NTT，没有一家企业敢于发起挑战。

这样下去，NTT 的垄断局面还将持续；或者即使在形式上有竞争企业出现，但在信息化社会到来的时候，日本仍会因为通信费用太高而落后于时代。对此我十分担忧。带着这种危机感，风险企业京瓷举手报名，主动向 NTT 发起了挑战。因此，第二电电是依据"为降低国民的通信费用"这一纯粹的动机而诞生的企业，也就是依据大义名分而创建的企业。

创立第二电电的时候，我召集全体员工，对大家说了这样一番话："为了降低国民的通信费用，让我们共同努力吧。能参与具有如此崇高目的的工程，一定会让诸位的人生变得更有意义。这是百年不遇的良机，有幸亲身参与这么宏大的社会变革，我们要由衷地表示感谢。我们要克服一切困难，务必实现我们宏伟的目标。因为这是一个为社会、为国民的壮举。"

继我们之后，国铁（现在的JR）也举手参与："我们拥有铁道通信技术，具备通信方面的技术专家。在东京、名古屋、大阪之间铺设通信干线时，只要在新干线的侧沟嵌置光缆就行。而且国铁有许多业务伙伴，确保顾客非常简单。与以京瓷为主体的第二电电相比，在所有方面我们都更有利。"并且，国铁设立了日本TELEKOM公司。

与此同时，以日本道路公团、丰田汽车为主体设立的日本高速通信，因为有旧建设省为后盾，所以也能沿东名阪高速公路铺设光缆，很容易完成基础设施的建设，丰田也具备强有力的营业能力。但我认为，它们参与通信事业并非出自大义名分，不过是基于得失算计而已。

包括第二电电在内的三家公司在市场上展开了激

战，但是在业务开张后不久，被认为条件最差的第二电电却获得了压倒性的优势。这完全是因为第二电电的全体员工背负着大义名分，带着使命感，怀着满腔热情，竭尽全力获取通信线路。同时，看到第二电电员工们努力奋斗的姿态，代理店和客户也给予了全面的支持。

再加引申的话，就是我们得到了自然、上天的庇佑。充满崇高的大义名分，充满卓越的使命感，这样的行为获得到了上天的赞赏，获得了天助。

结果，三家公司之间出现了巨大的差距，JR 出售了日本 TELEKOM，道路公团和丰田创设的日本高速通信现在也被 KDDI 合并了。

有技术、有资金、有信用、有营业能力，各种条件一应俱全的两家公司出师不利，而唯独以降低通信费用、让国民欢喜为大义名分的第二电电成功了。时至今日，KDDI 依然兴旺发达。怀着大义名分，具有使命，这转变成了强大的力量——我想 KDDI 的成功就是一个有力的证明。

在这次的日航重建当中，我首先做的就是明确企业的使命。为了改变日航干部和员工的意识，为了让全体员工全身心地投入公司的重建，不仅要明确日航重建本身的意义和大义名分，还要指明新生日航这家公司的目的，即企业使命。

我最终答应接受日航重建任务是基于以下三个理由：

第一，对日本经济的影响。日航不仅是日本有代表性的企业之一，而且它象征着持续衰退的日本经济。我担心，如果日航二次破产，重建失败，不仅会对日本经济造成更深远的消极影响，而且会让国民因此而失去自信。如果重建成功，就能够使国民重拾自信：那么艰难的日航都重建成功了，日本经济没有理由持续衰退。

第二，无论如何都要救助日航留任的员工。很遗憾，为了重建成功，不得不辞退一部分员工。但是，如果二次破产的话，损害就不限于部分员工，所有的员工都将失去工作。一定要保住留任员工的饭碗。不管怎样都要确保留任的 3.2 万名员工的工作，我以这样的利他之心，考虑日航重建的问题。

第三，为了乘客即国民。如果日航二次破产，日本的大型航空公司将只剩一家，竞争原理将失去作用。缺乏正当的竞争，那么就会出现运费涨价、服务恶化的可能性，遭受损害的将是国民。如果多家航空公司相互交流，就能为国民提供质优价廉的服务。为此，日航的存在乃是必要的。

日航的重建具有上述三种意义，也就是三种大义。正因为有大义，我才决定挑起再建日航的重担。

首先，我努力让日航的全体员工理解日航重建的三大意义，让他们理解重建日航包含的大义。员工们知道了日航重建不仅仅是为了他们自己，也为了日本经济，为了日本国民。因为有这样的大义名分，他们才会不惜一切地努力，投身于日航的重建。

"重建日航"这一行为本身所具有的社会意义，让全体员工达成共识。在此基础之上，我明确了公司本身存在的意义，即"日航这家公司为什么而存在"。我将新生日航的经营目的确定为"追求全体员工物质和精神两方面的幸福"。刚才已讲到，这是京瓷经营理念的一部分，它构成了我的经营哲学的根本。

针对我的这一观点，许多人批评说："这不适合接受国家支援的、公共交通行业的企业。"但是，所谓企业，无论属于哪个行业，首先是为了在这里工作的全体员工的幸福而存在。这是我不容动摇的信念，所以我根本不可能改变这一观点。

一般人都认为企业是股东的，所谓经营就是股东利益最大化。但是，让全体员工认识到工作的价值，带着自豪感，生气勃勃，勤奋工作，营造这样的氛围，那才是经营的根本。这样做，才能提升业绩，最终也会给股东带来效益。

日航的企业目的就是追求全体员工物质和精神两方面的幸福，集中强调这一条，给了员工们莫大的勇气。因为破产，员工们不仅失去了许多同事伙伴，而且工资大幅降低，劳动条件恶化，精神备受打击。因为明确了企业目的，员工们就把重建当作自己的事情："日航是我们的公司，既然如此，我们就得拼命保护这个公司，把它经营得有声有色。"

确立公司的使命，让大家共有这一使命，这样就提高了重建的主角（员工）的斗魂和士气。我认为这是日航成功重建的最大要因。

正如上面所讲，经营者必须确立能为全体员工共有的、能提高全员士气的、光明正大的、符合大义名分的、崇高的企业目的和意义，只有能让组织充满活力的人物才能充当经营者。

在第一条当中，我强调"要确立具有大义名分的、崇高的企业目的和意义"，同时不管在京瓷还是在日航，我都把"追求全体员工物质和精神两方面的幸福"作为企业使命。也就是说，最终的聚焦点只有一个，即只要员工幸福就好。可能有人认为，这样一来就称不上崇高、光明正大、符合大义名分了。但是，爱他人、爱员工，祈望大家幸福，这是比任何大义名分都要崇高的大义名分，它比任何使命都更高尚、更光明正大。

有人会说这样的经营理念未免过于朴实，层次太低。但是，我认为没有比让员工幸福更加高尚的大义名分了。请大家明确地提出这样的经营理念、经营目的。

在各位的公司里，有的有父辈制定的公司经营目的，有各种使命感，不尽相同。但请大家在企业目的中务必要加进这样一条："今后，我在经营过程中，一定会把公司里员工的幸福放在第一位。"这样做，员工一定会对这样的大义名分产生感激之心，加倍努力回报公司。

第二条：设立具体的目标
——所设目标随时与员工共有

这就是设立企业的"愿景"。经营者要揭示自己企业所瞄准的方向，设立高目标，并向集团成员指明这样的方向和目标。要明示组织将朝什么方向发展的方针，要指出在前进的目的地有何种未来，要描绘这种展望，还要指出实现目标的具体方法策略，引导大家共同前进。这些都是经营者的职责。

特别是在经营环境迅速变化、看不清楚前进方向的混沌时代，更要求经营者指明组织的愿景和目标。在明确的目标之下，汇集组织的全体成员，在极度的混沌中开辟出生路，引导集团朝着既定目标笔直前行，这是集团赋予经营者的最大的任务。

在向目标行进的过程中，会遭遇无法预测的各种各样的障碍。但是，无论遇到何种难题，经营者自身都要朝着愿景和目标前进，以坚强的意志面对困难，把组织拧成一股绳，集中大家的智慧和力量，坚决达成目标。除此之外，别无他法。

许多人在直面激剧的景气恶化等困难状况时，往往左右摇摆，迷失了当初揭示的愿景和目标。这样的话，员工就不会继续追随。无论身处怎样的混沌迷惑之中，都要盯住应该瞄准的那一点，率领组织前进。我认为，只有具备这种坚强的精神素养的人才是真正的经营者。

回顾过去，虽然我创业时将京瓷定位为精密陶瓷零部件生产商，但当时京瓷是一个小企业，前途根本无法预测。然而，就从那时起，我就一直坚持确立高目标，不断诉说我们的梦想：

"日本乃至全世界电子产业的发展前景广阔，我们的精密陶瓷不可或缺，我们要将产品提供给全世界。虽然现在还是不起眼的街道工厂，但是，首先我们要成为街道第一，也就是原町第一的公司；成为原町第一之后，就要成为中京区第一；成为中京区第一之后，还要成为京都第一；成为京都第一之后，再成为日本第一；成为日本第一之后，最终要成为世界第一。"

京瓷当时的工厂还是租借来的，员工不过数十人，年销售额不足 1 亿日元，属于小微企业，但是我却利用各种机会，向员工描述宏伟的目标："要成为日本第一，世界第一。"

实际上，从离厂最近的市营电车站到京瓷短短的路途中，就有一家名叫"京都机械工具"的企业，生产扳手和钳子等车载工具。当时汽车产业蓬勃发展，该公司一片繁荣景象。相比之下，京瓷租借别人的木结构仓库做工厂，是刚刚开始运行的小微企业。因此，尽管我说了要成为街道第一，但员工们并不相信，"要超过上班路上经过的那家机械工具公司，怎么可能"！实际上，在说出宏伟愿景的当时，我自己也没想到，京瓷真的能成为原町第一的公司。

更何况要成为中京区第一。中京区有岛津制作所，它是在东京交易所上市的企业，后来还出了诺贝尔奖获得者，以高技术享誉世界。要成为中京区第一，就必须超过岛津制作所，大家都认为这根本是不可能的。

再看看陶瓷行业，当时名古屋地区已经有日本碍子（NGK）、日本特殊陶业这样著名的公司。它们的技术、历史、实绩，以及人、财、物等所有经营资源，都占有压倒性的优势，从京瓷的角度来看，它们就像巨人一般耸立在我们身边。

尽管如此，我依然不知疲倦、不厌其烦地向员工们诉说梦想："要成为京都第一""日本第一""世界第一"。

起初半信半疑的员工们不知从何时起相信了我所诉说的梦想，并且为实现这一梦想齐心合力，努力奋斗。我自己也逐渐将这一梦想变成了确实的目标。

首先成为原町第一，最终成为世界第一。一方面心怀远大的目标；另一方面，我们每天粉尘满身，持续付出不亚于任何人的努力，不断钻研创新，对一件接一件的具体工作，都认真处理，努力解决。

结果，京瓷成了精密陶瓷领域世界第一的企业，并且以精密陶瓷技术为核心实现了多元化发展，现在已经成长为年销售额 1.3 万亿日元的企业。同时，京瓷在长达半个多世纪的历史中，不曾出现过一次赤字决算，利润率基本都维持在 10% 以上。

京瓷不断成长发展的原点就在于有着这样的"愿景"。

愿景，也就是公司的目标，必须充满着梦想。同时，还要制订实现愿景、目标的具体计划。

例如，企业的年销售额现为 10 亿日元，希望明年达到 12 亿日元，像这样，必须用具体的数字明确地描绘目标。不仅销售额，还包括利润额在内，都要设定出具体的目标。

重要的是，这种目标在空间和时间上都必须明确。目标不是全公司的一个抽象数字，而是分解到各个部门的详细任务，现场最小的组织单位也必须有明确的数字目标。再进一步，每个基层员工都要有明确的指针和具体的目标。另外，不仅设定年度目标，还要设定月度目标。月度目标明确了，每个人就能看出自己每天的目标。让员工明白自己每天的任务，完成这些任务，就必须设定明确的目标。

每位员工努力完成任务，各个部门就能达成目标，公司整体目标也自然能达成；每天的目标达成，积累起来，月度、年度的经营目标也自然达成了。另外，如果目标明确，就可集结全体员工的力量；如果目标不明，经营者就不能指明公司的前进方向，员工就会无所适从，或各行其是，行动方向混乱，结果力量分散，组织的合力就无从发挥。

实际上，我并不主张建立长期的经营计划。在经营领域中，不少人主张必须依据企业经营战略，建立5年甚至10年的中长期计划。但是，我从不建立长期计划，因为即使建立长期计划，要达成几乎不可能。

建立长期经营计划，其间必有超出预想的市场变动，甚至不测事态发生，计划本身也就失去了意义，或向下修正，或不得不放弃，这类事司空见惯。不严肃的、无把握兑现的所谓计划，还是不建为好。员工见多了这样的计划，会产生"反正完不成也没关系"的想法，甚至漠视计划。一旦经营者再次设立经营目标，员工反倒失去向高目标挑战的热情。更糟的是，销售目标没达成，费用和人员倒按计划增加了，即销售减费用增，经营吃紧，日子变得更难过。

我从京瓷创立起，一向只搞年度经营计划。三五年后的事，谁都无法正确预测，一年的话，还能基本看清楚。然后将年度计划细分，变为每一天的目标，千方百计，不达不休。

"以一天的勤奋，完成今天的任务，就能看清明天；以一月的勤奋，完成今月的任务，就能看清下月；以一年的勤奋，完成今年的任务，就能看清明年。"依据这样的想法，着着实实达成每天、每月以及每年的目标，拼命努力至今。

经营顾问们瞧不起这一套。"这岂能成大事！"他们异口同声如此说。但是，我只顾设定每年短时段的具体目标，付之实行，完成。接着设定下个短时段的明确目标，再实行，再完成。周而复始，贯通始终，就这样事业岁岁年年增长，发展不停。京瓷就如同尺蠖一般，一步一步成长到了1万亿日元的企业。

无论企业处于何种经营环境，都要设立高目标，制订具体的经营计划，并且带领组织向着目标踏实迈进，只有这样的经营者才是在混沌时代开辟活路的真正的经营者。

在讲述第二条时，我想到了这个事情。

因为我觉得预测将来非常困难，如果是一年的计划，制订起来还算靠谱。每年制订年度计划，像尺蠖虫那样一步一步前进。大家知道，最近日本大型家电厂家衰落的情景非常可怕，我想大家都会很吃惊吧。

这些大型家电企业都描绘了非常宏大的愿景，也都制订了长期计划，建立了大规模的工厂，投入了大量资金。

它们预测了三五年后的市场，投入了几千亿日元的巨资，但是还不到一年时间，由于行业大变动，它们的计划泡汤。已经投入巨资建设的工厂无法使用，只能全部报废；新工厂雇用的员工也因此变成了沉重的负担；几家都出现了数千亿日元的赤字。

聪明人看到未来，他们认为，自己公司的技术优越，经济景气和市场形势都乐观，应该没有问题，由此制订计划，但却全部落空。像我这样头脑笨的人，如果也那样做，后果会更加严重。因此，我才会像尺蠖虫那样一步一步走。一年结束后，再做好下一年，如此才有京瓷今天的成长发展。

刚才粗略地讲了一下，其实我不考虑长期计划还有另一个理由，就是按照计划走的只有经费。

例如，假定预测明年景气变好。按照预测来看，自己的事业也将顺利发展。相应之下，现在工厂显得太小，于是贷款购买旁边的土地，建新工厂，以期生产量增加五成。同时，事业扩大离不开优秀的员工，于是下一年度再多招聘优秀的大学毕业生。在这样的盘算之下，面对据说景气变好的下一年，采取了措施。

过完年后，原以为订单会增加五成，岂料景气没有恢复，订单根本没有增加。但是，新工厂计划已经实施，不断进展，银行也发放了贷款，购买土地的交涉也很顺利，趁着现在机会好，赶紧买了下来。和建筑公司有关建造厂房的谈判也在推进，建筑公司表示"虽然情况多变，但是现在建房会便宜"，于是新厂房也开始建造。员工也同样，按计划雇用，依照培养优秀人才的初衷，招聘工作也顺利结束。

也就是说，经费和费用发生了，按计划如期推进。但是，预想的增加收入这方面的计划却完全落空。增加

销售额的计划未能实现，只有经费和费用的增加按计划
进行。

　　银行贷款的利息增加，花了建设费，人工费增加
等，经费的"增加计划"与景气变动毫无关系，可以按
照自己制订的计划付诸实施。但是，要客户多下订单这
个问题，却不是自己单独可以解决的。矛盾就在这里发
生了。

　　明年、后年的长期计划一旦制订，只有计划当中
的经费会按计划不断增加，但是相应的收入却不能按
计划增加，这种情况经常出现。所以，我不制订长期
计划。

第三条：胸中怀有强烈的愿望
——要怀有渗透至潜意识的强烈而持久的愿望

　　我认为，我们心中描绘的事物可以实现。换言之，
"无论如何都要达成目标"的愿望的强烈程度就是成功
的关键。从这个意义出发，我把"胸中怀有强烈的愿望"
列为第三个要诀，并将副标题确定为"要怀有渗透至潜
意识的强烈而持久的愿望"。

一旦驱动潜意识，就能更大幅度地拓展企业经营。

什么是潜在意识？人的意识，有显意识和潜意识之分。比如现在我正在用显意识跟大家讲话，大家也正用显意识听我讲话。显意识是正觉醒着的意识，是可随意运用的意识；潜意识则通常沉潜于显意识之下，不显露出来，是不能人为控制的意识。

按照心理学家的说法，潜意识所持的容量，比显意识不知要大多少倍。据说，我们人从生到死，全过程中的一切体验、见闻、感触，都蓄积于这潜意识之中。在日常生活中，我们会在不知不觉中运用这种潜意识。

以前我常常举例说明这一点，比如开车，在学习阶段，"右手握方向盘，左手控制排挡，右脚踩油门或刹车"，这套操作要点，我们先用头脑理解，即运用显意识，将它集中于驾车这一行为。但熟练以后，即使不去意识操作要点，而是思考别的事，照样可以开得平稳自如。那是因为运用显意识反复驾驶汽车的过程中，显意识渗透到潜意识，结果在无意识中潜意识会发挥作用，指挥手脚，帮了我们的忙。

有两种办法，可以自如地活用潜意识。

第一种办法是接受强烈的冲击性刺激。受到沉重打击时的刻骨铭心的体验，会进入潜意识，并不断返回显意识。

据说，人临死之前，过去的事情犹如走马灯，在脑中浮现。零点几秒之一的瞬间，一生经历，像电影似地一一在脑海中闪现。就是说，储存于潜意识中的记忆，在直面"死"这一重大事变时，就与显意识联结而显现出来。但是，这样运用潜意识的经验并不是想用就能用的。

第二种办法是像学开车一样，让经验反复，反反复复的经验使运用潜意识成为可能。比如"销售额要多少""利润要多少"这样的目标，从早到晚，夜以继日，24小时反复思考，这种强烈、持续的愿望，可以进入潜意识。

经营者一到公司总很繁忙，要处理很多事情，不可能24小时只考虑一种目标，但因"销售额要多少"这一目标已进了潜意识，即使你思考别的问题，必要时它也会跑出来，给你达成目标的启示，让你自然而然地朝实现目标的方向前进。

比如大家经营的中小企业希望开拓新事业，可是该事业领域过去没做过，手下缺乏有这方面专业知识和技术的人才。但是，如果抱有"无论如何非做不可"的强烈愿望，天天反复在头脑中模拟推演，这愿望便能渗透到潜意识中。

于是，某一天在酒店小酌，忽然听到邻桌陌生人说话，他们谈论的就是自己一直在思考的那个领域的事情，说话的人也极像那方面的专家。于是你立即起身请教："对不起，听您刚才的话……"不知不觉就攀谈起来。这就结了缘分，即使不相识，最后也会邀请他进公司，新事业以此为契机启动并一举展开。这样的事情经常会发生。

这类事我也经历过。1983 年夏天，京瓷当时还只是京都的一家中型企业，但是我却在思考如何进入电信通信领域这一国家级的事业。当时我担任京都商工会议所的副会头，正好有 NTT 的技术干部前来讲演。就是这次相会，让我的计划一下子大幅推进。

原本我以为与被邀请的讲师，那位 NTT 技术干部见面应酬一下，事情就过去了。然而，强烈的愿望已经浸透到我的潜意识，因此机不可失，我将这偶然的邂逅变成了良机，导致事业成功。这是潜意识的功劳，我就是这么想的。

进入这种境界之前，必须反复继续，必须有一个全身心投入、强烈持续思考、不断驱动显意识的过程。如果对要做的事不肯深思，而是淡然处置，那它绝不会进入潜意识。只有持续火一样燃烧着的炽热愿望，才可能活用潜意识。

这次的日航重建也同样如此。

2010 年 2 月，我正式就任日航的会长。当时，企业再生支援机构制订的事业再生计划已经出炉。主要内容是：大幅削减债权，裁员 1.6 万名，减薪 20%～30%、缩减 40% 国内外航线，大型飞机退役等；第一年实现 641 亿日元营业利润，第二年实现 757 亿日元营业利润，第三年重新上市，将企业再生支援机构的出资还给国家。

这个计划的内容异常苛刻，至今为止谁都不曾经历过，许多媒体报道，断定该计划不可能完成。

但是，我作为日航的会长，无论如何都要实行这个再生计划，日航一定要重建成功。从这一强烈的愿望出发，在就任会长的致辞中，我向全体日航的员工说了下面一段话：

"意气高昂，一心一意，不屈不挠，坚决实现新计划！"

京瓷推出新的成长战略并决心实现时，曾将这句话作为经营口号提出。意思是说，"实现新的计划，关键在于，无论遇到什么困难，都决不气馁、决不放弃的决心。因此，必须持续抱着高尚且强烈的愿望，坚决干到底"。我把这句话用于日航的重建。

"新计划"这里是指日航的事业再生计划。要实现这项计划，关键就在参与日航重建的干部员工"不屈不挠"的一颗心。无论碰到什么困难都绝不退缩，一心一意，勇猛向前。因此，必须"聚精会神，抱着高尚的思想和强烈的愿望，坚韧不拔干到底"，必须持续怀抱纯粹而强烈的愿望。我向日航全体员工强调这一条，这是实现再生计划所必需的精神准备。

各个部门都在醒目处张贴标语宣传这段话，公司内部报纸的封面上也用大字刊登，向日航的全体员工明示，把它作为实现事业再生计划的口号。同时，在每天的会议上，我也再三强调，按照这句话的意思，无论多么困难，多么辛苦，大家都要齐心协力，携手前进。就这样，在日航，无论如何都要实现重建计划的不容动摇的决心，必须达成目标的强烈的愿望，不仅我个人，而且成了整个集团共同的意志。

这样，日航在今年（2012 年）9 月，成功实现了再上市。业绩远远超越了原来的事业再生计划，而这个计划曾被认为是一个难以实现的计划。

目标越难越高，越是要怀有实现目标的强烈而持久的愿望。希望在座的各位能够设定高目标，并怀有强烈而持久的愿望去实现这样的高目标。

第四条：付出不亚于任何人的努力
——一步一步、扎扎实实、坚持不懈地做好具体的工作

我认为成功没有捷径，努力才是通往成功的光明大道。京瓷仅用半个世纪，就成长发展到现在的规模，除努力之外，可说别无他因。

但是，京瓷的努力不是普通一般的努力，而是持续付出"不亚于任何人的努力"。"不亚于任何人"这几个字，才是最关键的。不做这种程度的努力，绝不可能引导企业成长发展。

京瓷创建之初，既无足够的资金和设备，又无经营的经验和实绩，唯一的资本，只有无尽藏的努力，真可谓夜以继日，努力工作，达于极限。

每天忙得连何时回家、何时睡觉都不知道，不久大家就筋疲力尽了。"照这样拼命，身体能吃得消吗？"员工中传出这样的声音。

我的生活也毫无规律，睡眠极少，不能按时吃饭。有时想，长此以往，恐怕真的难以为继。我召集干部开会，说了这样的话：

"我并不希望大家都要这样做，只是为了说明'付出不亚于任何人的努力'是必要的，我才这么说。

"我虽不太懂企业经营是怎么回事，但可比作马拉松，是长距离、长时间竞赛。我们是初次参赛的非专业团队，而且起步迟，包括大企业在内的先头团队已跑完了全程的一半。我们是无经验、无技术的新手，出发又晚，按照正常速度根本不可能取胜。既然如此，不如一上场就全力疾驰。

"大家会说，这样蛮干会把身体搞垮。说得没错。要用百米赛跑的速度，一口气跑完 42.195 公里马拉松全程，当然不可能。但新手迟发又慢跑，而且先头集团已经遥遥领先，不仅毫无胜算，还会逐渐拉大距离。所以，即使时间持续较短，我们也至少得尽力急起直追。"

我就这样说服了员工，自创建以来，始终全力疾驰，结果京瓷一刻不停，发展再发展。

至今难忘京瓷创建后第12年，1971年公司股票上市当日的情景，全体员工聚集在工厂空地上，我禁不住感动地流下泪水，哽咽着说了下面一段话：

"以百米赛的速度跑马拉松，或许中途倒下，或许跑不动了落伍。大家这么讲过，我也这么想过。但是，与其参加没有胜算的比赛，不如一开始就全力以赴，即使坚持不长，也要挑战一下。幸运的是，不知不觉中我们居然适应了高速度，并用这高速一直跑到了今天。

"跑着跑着，发现前面的人速度并不快，因为已经看到了先头团队的背影。于是再加速，超越他们，现已超过了第二集团，先头部队已进入视野。再加油，按这种阵势就可以追上那先头团队！"

正如京瓷所做的那样，只有以百米速度跑马拉松的这种努力才称得上是"不亚于任何人的努力"。

问诸位经营者："你们努力吗？"大家会答："我们尽了自己的努力。"但是企业经营就是竞争，当竞争对手比我们更努力时，我们这种半吊子的努力就不奏效，我们就难免失败和衰退。

仅仅是"尽了自己的努力"这样的程度，公司不可能发展。要想在"血雨腥风"般残酷且激烈的企业竞争中获胜，获得成长发展，就必须付出"不亚于任何人的努力"。

还有一点很重要，"不亚于任何人的努力"还包括必须每天不断地持续。换句话说，千万不可忘记，任何伟大的事业，都是一步一步踏实努力积累的结果。

京瓷靠生产松下电子工业即今天的 Panasonic 的电视机显像管所用的精密陶瓷部件开始创业。因为这种产品加工非常困难，当时日本只有京瓷能做。尽管如此，一个也只卖 9 日元。但是，松下电子工业的订货批量却以几万个、几十万个为单位。

精密陶瓷部件所用材料虽然先进，但同陶瓷器皿的烧制一样，生产过程很普通。将原料粉末成型凝固后，放进炉里高温烧结，这样的作业周而复始，不断重复，不断生产。

当时我常想，只卖 9 日元的廉价产品，只是大型家电企业的零件加工工厂，只是一味地努力生产，企业不可能发展壮大。但是，揭开迄今为止大企业的成长发展史就会明白，它们都从小事业开始，点滴积累，不断创新，踏实努力，坚持不懈，才有后来的辉煌。一开始就想做大生意是不可能的。

企业发展的要诀一点不难，认真做实事，一步一步、踏踏实实，精益求精，持续付出不亚于任何人的努力，如此而已。

希望大家都理解这个道理，一年 365 天，持续付出不亚于任何人的努力。只要不间断付出"不亚于任何人的努力"，诸位的公司定能成为自己想象不到的伟大企业，诸位的人生也会更充实、更美好。

衷心希望大家都能够如愿以偿。对于"经营十二条"的第一至四条，我就讲到这里。

回想起来，当我赤手空拳创建京瓷时，那些巍然耸立的大企业已在陶瓷领域角逐争霸。大学里与陶瓷相关的、特别是窑业专业的毕业生，都不约而同纷纷前往这些知名企业就职。

虽然我一直强调要成为京都第一、日本第一，但内心也这么想：不管怎么努力，不，哪怕穷尽一生，恐怕也难以达到它们规模的几分之一吧。技术力量悬殊，资金力量望尘莫及，所有方面的差距都有着天壤之别。但是，即便如此，京瓷却依然不间断地付出不亚于任何人的努力。

京瓷在新的电子用精密陶瓷领域与既存的大企业展开了激烈的竞争。后来甚至美国 GE 也意识到了精密陶瓷的发展前途，加入竞争。所有对手都是巨大的企业，在这样的形势下，京瓷只能不断地拼命努力再努力。

今天，在新的电子用精密陶瓷领域内只剩下京瓷一家。

我无法忘记的是 GE 的杰克·韦尔奇董事长访日的一次演讲。他来日本是为了在日本经济新闻主办的世界经营者会议上讲演。在讲演的时候，他发现坐在最前面的我，所以在讲演中即兴插入了这样的内容："GE 发展迅速是因为只对那些能够成为第一的事业采用'选择和集中'的战略。但是，我们唯独对在座的京瓷的稻盛先生甘拜下风。我们曾向他的领域发起挑战，结果 GE 完败，输得很惨。"

在与异常强大的企业竞争对峙的时候，总是寻找借口，强调没有技术，没有资金，一无所有。但是，只要付出不亚于任何人的努力就能够获胜。我就想证明这一点。

希望大家相信这一点，集中学习今天讲过的"经营十二条"的第一至四条并认真实践，学好这四条绝非易事。

最后，我祈愿各位，以及聚集在盛和塾这个学校的所有心灵之友在新的一年把企业经营得更好，让人生更幸福。

要　点

世间的现象看似复杂纷繁，但只要弄清楚驱动这些现象背后的原理，那么，实际上一切都是单纯明了的。特别是一提到经营，人们常望而生畏，许多复杂因素交叉叠加，似乎难上加难。但是，只要将目光投向事物的本质，那么经营其实很单纯，只要能领会要诀，我想经营绝非难事。

○

"经营十二条"立足于"作为人，何谓正确"这一最基本且具备普遍性的判断基准之上，所以我认为，它不仅超越行业和企业规模的差异，而且超越国境、文化和语言差别，普遍适用。

○

要让员工拼命工作，缺乏"大义名分"事实上是行不通的。"原来我的工作有如此崇高的意义"，这样的"大义名分"，如果一点都没有的话，人很难从内心深处产生必须持续努力工作的欲望。

○

光明正大的事业的目的和意义，最能激发员工内心的共鸣，获取他们对企业长时间、全方位的协助。同时大义名分又给了经营者足够底气，让经营者可以堂堂正正，不受任何牵制，全身心地投入经营。

○

经营者必须确立能为全体员工共有的、能提高全员士气的、光明正大的、符合大义名分的、崇高的企业目的和意义，只有能让组织充满活力的人物才能充当经营者。

○

爱他人、爱员工，祈望大家幸福，这是比任何大义名分都要崇高的大义名分，它比任何使命都更高尚、更光明正大。

○

经营者要明确自己企业所瞄准的方向，设立高目标，并向集团成员指明这样的方向和目标。要明示组织将朝什么方向发展的方针，要指出在前进的目的地有何种未来，要描绘这种展望，还要指出实现目标的具体方法策略，引导大家共同前进。这些都是经营者的职责。

○

经营环境迅速变化、看不清楚前进方向的混沌时代，更要求经营者指明组织的愿景和目标。在明确的目标之下，汇集组织的全体成员，在极度的混沌中开辟出生路，引导集团朝着既定目标笔直前行，这是集团赋予经营者的最大的任务。

○

在向目标行进的过程中，会遭遇无法预测的各种各样的障碍。但是，无论遇到何种难题，经营者自身都要朝着愿景和目标前进，以坚强的意志面对困难，把组织拧成一股绳，集中大家的智慧和力量，坚决达成目标。

除此之外，别无他法。

○

许多人在直面剧烈的景气恶化等困难状况时，往往左右摇摆，迷失了当初确立的愿景和目标。这样的话，员工就不会继续追随。无论身处怎样的混沌迷惑之中，都要盯住应该瞄准的那一点，率领组织前进。我认为，只有具备这种坚强的精神素养的人才是真正的经营者。

○

目标不是全公司的一个抽象数字，而是分解到各个部门的详细任务，现场最小的组织单位也必须有明确的数字目标。再进一步，每个基层员工都要有明确的指针和具体的目标。另外，不仅设定年度目标，还要设定月度目标。月度目标明确了，每个人就能看出自己每天的目标。让员工明白自己每天的任务，完成这些任务，就必须设定明确的目标。

○

每位员工努力完成任务，各个部门就能达成目标，公司整体目标也自然能达成；每天的目标达成，积累起来，月度、年度的经营目标也自然达成了。

○

没有必要建立长期计划。建立长期经营计划，其间必有超出预想的市场变动，甚至不测事态发生，计划本身也就失去了意义，或向下修正，或不得不放弃，这类事司空见惯。不严肃的、无把握兑现的所谓计划，还是不建为好。

○

我一向只搞年度经营计划。三五年后的事，谁都无法正确预测，一年的话，还能基本看清楚。然后将年度计划细分，变为每一天的目标，千方百计，不达不休。

○

"以今天一天的勤奋，完成今天的任务，就能看清明天；以一月的勤奋，完成今月的任务，就能看清下月；以一年的勤奋，完成今年的任务，就能看清明年。"依据这样的想法，着着实实达成每天、每月以及每年的目标，拼命努力至今。

○

心中描绘的事物可以实现。换言之，"无论如何都要达成目标"的愿望的强烈程度就是成功的关键。

○

目标越难越高，越是要怀有实现目标的强烈而持久的愿望。

○

仅仅是"尽了自己的努力"这样的程度，公司不可能发展。要想在"血雨腥风"般残酷且激烈的企业竞争中获胜，获得成长发展，就必须付出"不亚于任何人的努力"。

○

重要的是："不亚于任何人的努力"必须每天不断地持续。换句话说，千万不可忘记，任何伟大的事业都是一步一步踏实努力积累的结果。

○

企业发展的要诀一点不难，认真做实事，一步一步、踏踏实实，精益求精，持续付出不亚于任何人的努力，如此而已。

○

在与异常强大的企业竞争对峙的时候，总是寻找借口，强调没有技术，没有资金，一无所有。但是，只要付出不亚于任何人的努力就能够获胜。

经营十二条（第五至十二条）

第 21 届盛和塾世界大会讲话

——2013 年 7 月 18 日

第五条：销售最大化、经费最小化
——利润无须强求，量入为出，利润随之而来

京瓷开始运行时，我没有经营的经验和知识，对企业会计一窍不通，是请外援公司派来的财务科长协助会计事务。一到月底，我就抓住他问："这个月怎么样？"夹杂许多会计专业术语的解答，让技术出身的我十分头痛。

我忍不住说："如果销售减去经费，剩余就是利润的话，那么，只要把销售额增加到最大，把经费压缩到最小，不就行了吗？"

估计那位科长当时吃了一惊。从那时起，我就把"销售最大化、经费最小化"当作经营的大原则。虽然是一条非常简单的原则，但正是因为忠实贯彻了这一原则，京瓷就成了高收益体质的优秀企业。

作为经营常识，大家都认为销售额增加，经费也会随之增加。但是不对，不要被"销售增，经费也增"这一错误的常识所误导，为做到"销售最大化、经费最小化"，开动脑筋，千方百计，才会从中产生高效益。

举例来说，假定现在销售为100，为此需要现有的人员及设备，那么订单增至150，按常理，人员和设备

也要增加 50% 才能应付生产。

但是，作这样简单的加法，绝对不行。订单增至 150，通过提高效率，本来要增加五成人员，压到只增加两三成，这样来实现高收益。

订单增加，销售扩大，公司处于发展期，正是进行合理化建设、提高效率、变成高收益企业千载难逢的机会，可是大多数经营者却在企业景气时放松管理，坐失良机。

"订单倍增，人员、设备也倍增"的加法经营很危险。一旦订单减少，销售降低，经费负担加重，立即一落而成亏本企业。

实施"销售最大化、经费最小化"原则，必须建立一个管理会计系统，能够即时明确各个部门的业绩。构建这种能帮助提升各个部门业绩的系统、体制，这也是经营者的重要任务之一。

经营者愿望强烈，热情洋溢，付出不亚于任何人的努力，不断钻研创新，企业就能成长发展。但在企业成长、组织扩张的过程中，实际的经营状况变得难以掌握，企业陷入困境，这种情形经常出现。所以，需要一种精细化的管理系统，它在组织扩大以后仍能及时把握企业经营的实际状况。

也就是说，为了让企业经营坚如磐石，构筑一个精细化的、能让全员参与经营的管理会计系统，必不可缺。为此，在京瓷开业后不久，我就煞费苦心构筑了这样的系统，这就是所谓"阿米巴经营"。

与一般财务会计不同，这是经营者为便于经营而使用的一种管理会计手法，"阿米巴"是由几个人至十几个人组成的小集团，京瓷现有1000多个这样的小集团，各个小组织的领导人就像中小企业的经营者一样，经营各自的阿米巴。

所谓"阿米巴经营"，是一种独特的计算收支的方法，就是计算出每个"阿米巴"每小时生产多少附加值。简单讲，就是从每个"阿米巴"月销售额中减去月经费，剩余金额除以月总工时所得的数字，作为经营指标，我们称为"每小时核算制度"。

京瓷依据"每小时核算制度"，月末结算，次月初各部门的实绩由"每小时核算表"详细反映出来。只要细看"每小时核算表"，哪个部门收益如何，相关情况一目了然。

另外，为将经费压缩到最小，"每小时核算表"把经费科目细分，比一般会计科目分得更细，根据现场的实际情况，构成所谓实践性经费科目。比如不用"光热费"这个大科目，而是电费是电费、水费是水费、燃气费是燃气费，将其中的项目分别列支。

这样做，从事实际工作的员工就能很快理解，并可采取具体行动来削减经费。看了细分后的核算表，"啊，这个月电费花多了"，现场负责人就能清楚理解经费增减的原因，便于切实改进。

这个"阿米巴经营"在日航重建中也发挥了重要的作用。到日航后，我一方面努力改变从经营干部到现场员工的意识，这点刚才已提到；另一方面，我还致力于构建适用于航空运输事业的管理会计系统。

因为，我刚到日航上任，马上就感觉到了日航在管理上的问题。

当我问到"现在的经营实绩怎么样"时，经营的数据怎么也出不来。好不容易出来了，却是几个月以前的数据，而且只是粗略的宏观数据。再问到究竟由谁对哪项收益负责，没人说得清，责任体制完全不明确。

还有，航空业的利润出自飞行航班，当我问及各航线、各航班的收支状况时，更是一头雾水。到那时为止，日航从来没有考虑过什么管理体制，也没有什么思路，实际上哪条航线、哪个航班、收益多少，都是一笔糊涂账。因此，许多航线持续亏本却无人问津。

因此我认为，必须构筑一个管理系统，使每条航线、每个航班的收支状况即时就能一目了然。否则，就不能提高整个企业的收益。

"阿米巴经营"不仅在京瓷和KDDI大显身手，而且已有450多家企业导入。日航导入阿米巴，不仅可以迅速掌握各个部门、各条航线、各个航班的收支情况，而且可以以各阿米巴负责人为中心，动脑筋、想办法，增收减支，提高效益。为此，我与日航现场的员工一起构筑了"阿米巴经营"系统。

这样一来，各部门的详细经营业绩第二个月就能出来，所有的员工都能看到自己部门的实绩，大家都能为提升本部门的收益献计献策。同时，每条航线、每个航班的核算情况第二天就能明白，就能按需求及时变换机种，或者临时增加航班，这样的事情现场人员就能判断实施。

另一方面，维修部门、机场服务部门等，也尽可能把组织划小，以便各自对经费进行细致的管理，要让全员都了解费用明细。"还有没有浪费？""有没有办法再提高一点效率？"集合众人的智慧，营造一个全员都能致力于改善经营的体制。

依据这一管理会计系统计算出各部门的数据，再以这些数据为基础，召开"业绩报告会"。把各部门、各子公司的负责人召集起来，各自发表本部门的实绩，月度例会开始了。

每月一次的"业绩报告会"花两三天时间，从早开到晚。根据各部门分科目、记满预定值和实绩值的庞大资料，只要找到我认为有疑问的数字，哪怕是交通费、光热费等细小的经费项目，我就会问："为什么出现这样的数字？"彻底追问其原因。同时，各部门的负责人、其他部门的人也会提出各种问题，通过讨论把问题弄明白。

在这样的会议不断召开的过程中，用数字经营企业就变成了理所当然的常识。怎样努力去改善经营，今后如何提升核算效益，各个部门长都会像经营者一样思考，并用数据进行说明。

这一套管理会计系统可称为日航版的"阿米巴经营"，从 2011 年 4 月开始正式运用。现在日航的员工有效利用这个系统，提高核算意识，并为提升企业收益做出贡献。

在日本常有"中小企业像脓包，变大便破碎"之类的挖苦话。说到底，就是因为没有采用上述有效的管理会计手法。

公司尚小时姑且不谈，变大后仍做笼统账，那任何人都弄不清经营实态。当然，一般的会计处理总要做，但不起实际作用，因为经营者从中看不清经营实况，无法及时采取有效措施，企业效益自然上不去。

京瓷自创立以来，除了近年的雷曼冲击后一段时间之外，利润率基本上一直保持在两位数以上，有些年份利润率甚至超过 40%。

构建如此高效益的企业体质，原因不仅在于京瓷拥有其他公司无法仿效的独创技术，开发了高附加值的产品，我认为，最大原因就在于忠实贯彻了"销售最大化、经费最小化"的经营原则，构筑了让经营者可以看清经营实况的管理系统，并使该系统有效运行。

第六条：定价即经营
——定价是经营者的职责

价格应制定在客户乐意接受、公司又能盈利的交汇点上。以前，在选聘"京瓷"领导班子成员时，我希望录用有商业头脑、懂生意经的人才，为此出了一道考题："如何经营夜鸣乌冬面铺？"

给候选人购置面条铺设施的资金，让他们做面条生意，几个月后，看他们赚了多少。用这个办法通过竞争来选拔。为什么出这个试题，因为如何做面条生意，包含了经营的一切精粹。

例如，为了做出一碗面条，汤汁由什么做，又如何熬制？用机制面还是手拉面？作为菜肴的鱼糕切多厚，放几片？葱花从哪里买？等等，有许许多多选择。这些选择都会直接反映到成本中。也就是说，小小一碗面条，可以千差万别，经营者不同，成本结构完全不同。

其次，面条铺设在哪里？营业时间怎么定？开在闹市以醉酒客为对象，还是开在学生街瞄准年轻人，如何决定？体现当事人的商业才干。

这些条件决定以后，在此基础上如何定价？如果在学生街，就要廉价多销；如果在闹市，不妨做高档美味面，有高级感，价高，卖得少些照样赚钱。

也就是说，如何做面条生意，浓缩了经营的各种要素，如何定价一条，就可判断他有无商业才觉。我曾想用这道题目，考出候选者有无商才，为选拔干部把关。

因实施方面有难度，没有推行。但我坚信定价就是定死活，定价即经营。

给产品定价，有各种考量。刚才我已提到，是低价、薄利多销，还是高价、厚利少销，价格设定有无数种选择，它也体现了经营者的经营思想。

但价格确定以后，究竟能卖出多少，盈利多少，预测极难。定价太高，产品卖不出；相反，定价过低，虽然畅销，却没有利润。总之，定价失误，企业损失莫大。

在正确判断产品价值的基础上，寻求单个的利润与销售数量乘积为最大值的某一点，据此定价。我认为这一点应该是顾客乐意付钱购买的最高价格。

真能看清、看透这一价格点的不是销售部长，更不是营业担当，而非经营者莫属。可以说这是定价的普遍原则。

但是，即使以该价格卖出了，也未必意味着经营一定顺当，即使以顾客乐意的最高价格出售了，却仍没获利，这种情形屡见不鲜。问题在于：在已定的价格下，怎样才能挤出利润。

以生产厂家为例，如果跑销售的只知以低价格获取订单，那么制造部门再辛苦也无法获利，因此必须以尽

可能高的价格推销。但是，价格确定后能否获利，就是
制造方面的责任了。

但是，一般的厂家以成本加利润来定价格，日本的
大多数企业采用这种成本主义的定价方式。在现在的财
务制度上，这种方法也很普遍。

但在激烈的市场竞争中，卖价往往先由市场决定
了。成本加利润所定的价格，因为偏高而卖不动，不得
已而降价，预想的利润泡汤，极易陷入亏损。

因此，我反复对技术开发人员说："你们或许认为，
技术员的本职工作就是开发新产品、新技术，但是我认
为，这还不够，只有在开发的同时认真考虑如何降低成
本，才有可能成为一个称职、优秀的技术员。"我强烈
地促使他们在研发时降低成本。

必须在深思熟虑后定下的价格之内，努力获取最大
利润。为此，"材料费、人工费、各类经费必须花多少"，
这一类固定观念或常识要统统抛开，在满足质量、规格
等一切客户要求的前提下，必须千方百计，彻底降低制
造成本。

这时候重要的是："定价""采购""压缩生产成本"
这三者必须联动。"定价"不可孤立进行，也就是说，

"定价"意味着对降低采购成本及生产成本负责。价格之所以要由经营者亲自决定,理由就在于此。

在决定价格的瞬间,必须考虑降低原料的采购价格和制造成本。反过来讲,正因为对降低成本心中有数,才能正确定价。

定价即经营,定价是经营者的事。进一步讲,定价是否合理还体现了经营者的人格。希望大家都能理解这一条,把企业经营得更加出色。

定价这件事直接反映出经营者的人格。人格或者说性格软弱的人,当竞争激烈时,就想以降价取胜。但是,如果价格低于材料费、人工费及各项成本之和,即使卖完也会亏本。因此,借口竞争激烈而随意降价行不通。但反过来,因为成本高所以定价也必须高,结果却完全卖不动。所以,我刚才讲到,在定价时必须同时考虑如何努力改善以削减成本,以便在较低的价格水平上仍能获得利润。

第七条:经营取决于坚强的意志
——经营需要洞穿岩石般的坚强意志

我认为,所谓经营就是经营者意志的表达。一旦确定目标，无论发生什么情况，目标非实现不可，这种坚强意志在经营中必不可少。

但是，不少经营者眼看目标达不成，或寻找借口，或修正目标，甚至将目标、计划全盘撤销。经营者这种轻率态度，不仅使实现目标变得根本不可能，而且给予员工极大的消极影响。

我对此事的深刻体验，是在京瓷股票上市之后。股票一旦上市，就必须公开发布公司下一期业绩预报，对股东做出承诺。但许多日本经营者往往以经济环境变化为理由，毫无顾忌地将预报数字向下调整。

但是在同样经济环境下，有的经营者却能出色完成目标。我想，在环境变动频繁又剧烈的今天，经营者如果缺乏无论如何也要达到目标、履行承诺的坚强意志，经营将难以为继。

一味让经营"迎合"状况变化，结果往往不妙。因为向下调整过的目标遭遇新的环境变动，不得不再次向下调整。一遇困难就打退堂鼓，必将完全失去投资者和员工的信赖。既已决定"要这么做"，就必须以坚强的意志贯彻到底。

　　还有一个要点，虽说经营目标是从经营者的意志中产生，但是同时这个目标必须获得员工的共鸣，由员工发出"那么让我们一起干吧"的呼声才好。

　　换言之，体现经营者意志的经营目标必须成为全体员工的共同意志。员工一般不肯率先提出让自己吃苦的高目标，所以经营目标还是得通过经营者自上而下来决定。

　　但仅是自上而下，员工就不愿意追随。经营的高目标必须看作是由员工方面自下而上提出的，这就是所谓"把经营者的意志变为员工的意志"。

　　做到这点并不难，比如在平时就讲一番激励的话："咱们公司前景光明，虽然现在规模还小，但将来会巨大发展，大家可以期待。"平时做好这种铺垫，然后开恳请宴会，一起干杯后就开口："今年我想把营业额翻一番。"

　　这时，身旁坐着办事差劲却善于揣摩上司心理的家伙，让他们接话："社长，说得对！干吧！"于是，那些脑子好使、办事利索但冷静过度的人就难以启齿。不然，一听高目标，他们就会泼冷水："社长，那可不行，因为……"滔滔不绝，讲一大堆行不通的理由。但这时的气氛使消极者不好反对，而且不知不觉中甚至随声附和。甚至比社长提出的目标更高的目标，往往也在全员赞同之下得以通过。

经营也是心理学。即使是很低的目标，若让"冷水派"先发言，他们也会说："太难，不可能完成。"气氛消沉，经营者期望的高目标就可能落空。

我认为，一定要设定高目标，然后向高目标发起挑战。当然，目标过高，尽管挑战，但今年、明年都落空，甚至连续三年完不成的话，高目标就会成水中月、镜中花。其副作用是：今后谁也不会认真理会经营者的经营目标了。

然而，还是要有比上年高出一截的经营目标，否则不足以激发员工士气，公司就会失去活力。

下面的办法多用不好，但在京瓷还小的时候，我曾采用过。

"瞄准月销售 10 亿日元，达成，全员去中国香港旅游；达不成，全员去寺庙修行。"在目标完成、完不成的微妙时刻，我对员工这样宣布。

结果大家一阵猛干，出色完成了目标。于是租了包机，全员赴港三日游。借此又与员工增强了一体感。

不是简单下命令完成目标，还要鼓励员工的士气，调动他们的积极性，让经营目标与员工共有。为了实现目标，大家一起动脑筋，出主意，钻研创新。

当然重要的不是手腕，经营者必须想尽各种办法，借用一切机会，直率地将自己的意志传递给员工。

以前，在京瓷还小的时候，有一年年终，我感冒发高烧，打着点滴，但仍50多次连续参加所有部门的辞旧迎新"忘年会"。通过这样的机会，阐述我对来年事业的展望与构想。更重要的是，表达我非达成目标不可的坚定意志，以求获得全体员工的理解和协助。

这次在日航的重建中也是一样。

尽管我已超过80高龄，但每个星期基本上都住在东京的宾馆里，中午吃烤鱼便当，傍晚就在便利店买几个寿司凑合。从早到晚连续开会，精神集中在追究详细具体的数字上。看到我拼命工作的样子，日航的员工也就切实感受到了我无论如何都要实现日航重建计划的坚定的意志。

用"拼尽死力"这几个字表达较为贴切。就是说，为了让表达经营者意志的经营目标与员工共有，经营者拼命投入工作的姿态最为重要。只要能让经营者的坚强意志与员工共有，只要能燃起大家的斗魂，企业一定能成长发展。

第八条：燃烧的斗魂
——经营需要强烈的斗争心，其程度不亚于任何格斗

我认为格斗场上所需要的"斗魂"，经营也必不可少。脾气太好，架也没吵过的人，应该趁早把社长的位子让给更有斗争心的人。

不管说得多么好听，经营毕竟是企业之间强烈的竞争。哪怕只有两三名员工的小企业，经营者如果缺乏强烈的"斗魂"，不能为保护员工而发挥昂扬的斗魂，将必败无疑。

当经营者首先必不可少的就是"绝对不认输"的强烈斗魂，这点在 2012 年的世界大会上我曾提到过。当年在严酷的市场竞争中，面对看来要输的京瓷员工，我激励道："如果向后退，我就用机枪扫射你们，反正逃跑也是死，那就抱着必死的精神向前冲！"市场竞争就

是这么激烈。

但我所强调的"斗争心"，不仅仅以有竞争关系的企业为对手，不能败给它们。在企业经营中，不管你战胜了怎样的竞争对手，不管你如何努力想把企业做得完美无缺，然而，因为日元升值等经济变动，以及国际纷争，乃至自然灾害，各种各样无法预测的变动因素会突然冒出来。

当然，这类经济变动以及天崩地裂的灾害，绝不是经营者的责任。但是，以这些变动和灾难作为借口，轻易让业绩下降，那是不允许的。要超越这些不可预测的事态，谋求扩大事业。做不到这一点，企业绝不可能成长发展。

京瓷也是这样，它至今走过的道路决非平坦。

京瓷自创建以来，因受到"尼克松冲击"而使日元与美元之间由固定汇率制转为变动汇率制；因"石油危机"引发的空前的经济萧条；因半导体、汽车引发的紧张的日美贸易摩擦；"广场协议"后剧烈的日元升值，泡沫经济破灭后长期的经济低迷；由雷曼破产引发的世界范围的金融动荡，以及近年来因欧洲各国的债务危机导致的景气度衰退等，巨大的经济变动一次又一次向日本的产业界袭来。

许多企业在这种变动的激流中颠簸翻滚，或者衰落，或者被淘汰出局。但是，京瓷却从正面迎击景气变化的浪涛，不断成长，持续提升收益。

原因无非是，我自己以及继承我工作的京瓷的经营班子，都以"绝不服输"的强烈斗魂，也就是所谓"燃烧的斗魂"去经营企业，不管遭遇怎样的景气变动都决不后退，不断努力，不断钻研创新，以实现企业的成长发展。

面对企业所处的严峻的经营环境，决不屈服，决不认输，实现企业的成长发展，这也是"斗争心"的重要内容之一。

还有一层意思，在所谓"燃烧的斗魂""斗争心"中，还有像母亲对孩子所抱的、由爱支撑的、温暖而大无畏的"斗魂"。

例如，猛禽突袭幼鸟时，母鸟奋不顾身，冲向强大的敌人。为了保护自己的孩子不受外敌的伤害，不顾自身的危险，把敌人引向自己。为了救自己的孩子，即使身体弱小的母鸟，也会突然表现出惊人的勇气和不可思议的斗魂。

我认为，经营者在履行责任的时候，少不了这样的斗魂。平时柔弱，连吵架都不会，根本看不出有什么斗魂的人，一旦成为经营者，为了保护广大员工，面临危险时，能立即挺身而出。没有这种气概，经营者就不可能得到员工由衷的信赖。

这种英勇气概，来自强烈的责任感。无论如何也要保护企业，保护员工，这种责任心，使经营者勇敢且意志坚定。

现在的日本，抗御外敌保护企业、保护员工的经营者很少见，相反，只知明哲保身的经营者却很多。企业发生了舞弊丑闻后，经营者自己不负责任，却叫部下引咎辞职。这种情况经常发生，我认为这是因为领导人选错了。

现在，日本的企业经营者在安倍内阁所谓"安倍经济学"的有关政策下，因日元贬值，股票上涨，许多人对景气恢复抱有乐观的看法，对提高公司业绩抱有期待。但仅仅一年之前，长时期的日元升值，法人税率居高不下，自由贸易协定久拖不决，严格的劳动雇用规制，环境投资的增加，再加上伴随震灾引起的严重电力不足，不少人在所谓"六重苦"中烦恼困顿，对日本经济的前途很是悲观。

不要因为景气和经济变动忽喜忽忧。不管处于何种经济环境，只要怀有斗争心，持续付出不亚于任何人的努力，就一定能开拓出前进的道路。在经济变动等变化面前，决不认输的气概，"就是拼上性命也要保住员工和企业"的责任感，只要这样的人成为经营者，那么不管什么时代，企业一定能够成长发展。

第九条：临事有勇
——拿出勇气做事，不能有卑怯的举止

为什么需要勇气？首先，对事物进行判断时需要勇气。

我认为，经营企业，只要依据"作为人，何谓正确"这一原理原则进行判断，就不会发生大的失误。我在实践中彻底地贯彻这一条。

但是，许多经营者在需要按这一原理原则进行判断、得出结论的时候，因为遭遇各种各样的障碍，他们往往做出错误的判断。例如，在日本购买工厂用地时，当地有影响力的政治家会插手干预；有时公司内部发生

坏事，暴力集团等反社会组织得知后会来浑水摸鱼。

这时候，有的经营者放弃"作为人何谓正确"这一原则，不从这点出发做出判断，而是以尽量追求稳妥、息事宁人作为判断基准。考验经营者是否真的有勇气，就看他在这种局面下如何判断。

按原理原则得出结论，这种情况下即使受到威胁，受到中伤和诽谤，即使面临损失或灾难，仍然毫不退缩，坦然接受这一切，坚决做出对公司有利的判断。经营者只有具备真正的勇气才能做到这一点。

"这么做，会受到黑社会的威胁""会遭到经营者朋友们的耻笑，会遭到排斥"。困惑之余顾虑重重，就无法做出正确的经营判断。为此，本来很简单的问题会变得很复杂，变得难以解决。这样的事情常常发生。

所有这些问题都是因为经营者缺乏真正的勇气所致。依据原理原则做出正确判断确实需要"勇气"，反过来讲，不能期待缺乏勇气的人会做出正确的决断。

经营者没有勇气，胆小怕事，犹豫不决，临阵退却，那副模样立即会在员工中传开。员工看到经营者那副可怜相，立即会失去对他的信任。

经营者不争气的窝囊相，会在企业内如野火般迅速蔓延。经营者缺乏勇气，员工就会上行下效，紧要关头以妥协退让为荣，不以卑怯为耻，丧失立场。

经营者所需的勇气，又可称为"胆力"。我曾在精通东方古典的安冈正笃的著作中，读到有关"知识""见识""胆识"的文章，深受感动。

所谓"知识"，是指各种信息，是指理性上了解这些信息。但不管知识多么丰富，光有知识不过是显得博学，并没有多大实际价值。应该把"知识"提升到"见识"的高度。所谓"见识"，就是对"知识"本质的真正理解，相信它以后，自己内心产生的一种坚定的"信念"。

有"见识"是当经营者的先决条件。有人说公司的二把手只要有"知识"就行，不必强调"见识"。但是，公司一把手即经营者，因为要作决断，他就必须有"见识"，即具备"信念"，否则就不可能对事情做出正确而恰当的判断。

但是，真正的经营者还必须具备"胆识"。所谓"胆识"，是"见识"加上"胆力"，或者说加上"勇气"。因为在灵魂深处坚信不疑，所以就能顶天立地，无所畏惧。

经营者只有具备这种"胆识"，才敢于面对一切障碍，正确判断，坚决实行，把好经营之舵，在风浪中勇往直前。

说句不能登大雅之堂的话，有时经营者不得不遭遇极为棘手、极为难堪的局面，以至急得"小便里带血"。只有这种时候，才能考验出经营者是否具备真正的勇气。希望在座各位都具备"胆识"，即发自灵魂深处的勇气，从而能在各种情况下都做出正确的判断，把企业经营得有声有色。

第十条：不断从事创造性的工作
——明天胜过今天，后天胜过明天，不断琢磨，不断改进，精益求精

得过"普利策奖"的美国新闻界代表人物哈伯斯塔姆先生，在其所著的《下世纪》一书中，用了一章来描写有关我的事情。

这章一开头就引用了我的话："我们接着要做的事，又是人们认为我们肯定做不成的事。"

事实上，京瓷过去做的也是当时人们认为做不到的

事。开发新型陶瓷，把它作为新型工业材料，将它发展成数万亿日元规模的新兴产业，在此之前，人们觉得这是不可思议的事。

就是说，充分利用新型陶瓷的优良性能，进一步开发出 IC 封装件，促进了半导体产业的蓬勃发展。同时，又开发出人造骨、人造牙根等用于生物体的新产品，开拓出一个精密陶瓷的新的产业领域，对社会做出了贡献。

京瓷为什么如此富有独创性，许多日本的经营者把原因归结到京瓷的技术开发能力上。对照自己，他们会说："我们公司缺乏那样的技术，无法发展也是不得已的事。"

我认为这种观点站不住脚。没有哪一家公司天生就有杰出的技术。能不能专注于创造性的工作，明天胜过今天，后天超过明天，不断改进，不断创新，这才是能不能实行独创性经营的关键。

我常以清洁工作为例说明这个道理。清洁工作似乎是很简单的杂差，没有什么创造性可言。但是，不要天天机械地重复单调的作业，今天这样试试，明天那样试试，后天再别样试试，不断考虑清扫方法，不断提高清扫效率，365天孜孜不倦，每天进行一点一滴的改进。结果即使看来简单的工作，也会产生各种各样很有价值的创新。

实际上，现在在东京车站等地方打扫新干线的公司就颇为引人注目。把过去只在背后做的车内清扫，变成与客人接触的服务业，可以提供由员工参与的创新型的清扫服务，设法提高员工的积极性，从而提升了企业业绩。

同样，如果我是以清扫为生的企业的经营者，在付出不亚于任何人的努力的同时，我会每天不断钻研创新，那么企业就一定会有难以想象的大发展，可以成为日本第一、世界第一的清扫公司。

一天的钻研只有微小的成果，但是锲而不舍，改善积累上一年，就可能带来可观的变化。不仅是清洁工作，所有领域的工作都一样。这个世界上划时代的创造发明，无一不是在这样脚踏实地、一步一步努力的积累中产生的。

不论各位的企业属于何种行业，"不可每天以同样的方法重复同样的作业，要不断从事创造性的工作"，把这句话作为公司方针，明确地提出来，而且经营者要率先做出榜样。这样经过三四年，企业就会有独创性，就能进行卓有成效的技术开发。

时至今日，京瓷并没有停留在精密陶瓷领域，还在太阳能电池、手机、复印机等广泛的技术领域内，推进多元化经营。但是当初，我只具有精密陶瓷这一狭小范围内的专业技术。

独创性的产品开发和独创性的经营，开始时京瓷也没有。各位能不能每天都认真追求改善，钻研琢磨，不懈努力，这才是问题的关键。

这时重要的是"能力要用将来进行时思考"。不是以自己现有的能力决定将来能做什么，现在就决定一个似乎无法达成的高目标，并决定在将来某个时点达成它。盯住这个目标，通过不断的顽强努力，提高自己现有的能力，以在将来某个时点达成既定的高目标。

对于未来的目标，如果自己某方面技术能力不足，那么在这个时段内，就要努力学习并掌握这种技术，包括必要时从外部引进有关技术人才，改进自己的能力直至达成目标。

如果只以自己现有能力判断今后能做什么，不能做什么，就根本无法开拓新事业。现在做不成的事，今后无论如何也要把它做成，只有这种强烈的使命感，才能产生创造性的事业、创造性的企业。

在这种强烈的意识支配下，每天不断钻研、不断创新，只有这样的道路前面，才会出现创造性的事业、独创性的企业。

第十一条：以关怀之心诚实处事
——买卖是相互的，生意各方都得利，皆大欢喜

这里所说的关怀之心，又可称作"利他之心"。不只是考虑自身的利益，也要考虑对方的利益，必要时，即使需要自我牺牲，也要为对方尽力。这种美好的心灵，我认为即使在商业世界里，也是最重要的。

但是，许多人认为，"关怀""利他"这类说法，在弱肉强食的商业社会，事实上很难推行。为了说服他们，为了说明"善有善报"的因果法则在企业经营领域内同样存在，我想举出下面的实例。

京瓷在美国有一家生产电子零部件的子公司，名叫AVX公司。那是20多年以前的事情，当时AVX公司在电容器领域处于世界领先地位。为了把京瓷发展成综

合性的电子零部件公司，需要 AVX 公司加盟。基于这种判断，我向 AVX 公司的董事长提出了收购该公司的要求。

这位董事长爽快地答应了。收购采取了"股票交换"的方式。我们决定把当时纽约证券交易所以 20 美元左右的价格交易的 AVX 股票高评 50%，即评估为 30 美元，与在同一交易所上市的、时值 82 美元的京瓷股票进行交换。

但对方董事长立即提出 30 美元的价格仍然偏低，要求再增加，希望以 32 美元成交。当时在纽约证券交易所，AVX 的股票交易价格是 20 美元，我们提出以 30 美元交易，但他们却希望以 32 美元交易。我们京瓷的美国公司的社长和律师都表示强烈反对，但是我却认为，这位董事长要对他的股东负责，对他而言，即使提高 1 美元也是理所当然，他的要求应予理解。于是我仔细考虑后，同意了对方的要求。

然而，当双方股票正要实行交割时，纽约证交所道琼斯指数大幅下跌，京瓷股票也跌了 10 美元，变成了 72 美元。看到这种情况，对方董事长又提出要求，把原定的 82 对 32 的交换条件改为 72 对 32。

通常的看法，如果是因为京瓷业绩下降引起股票下滑，当然京瓷应该负责，现在是股市全盘下跌，改变交换比率完全没有必要。京瓷一方的有关人士异口同声主张驳回对方的要求。

但是，我还是再次接受了不利的变更条件。这既不是出于什么算计，也不是感情用事。收购合并是两种文化完全不同的企业合二为一，是企业与企业结婚，应该最大限度地为对方考虑。

收购之后，京瓷股票一路上扬，AVX 公司的股东获利丰厚，他们的喜悦之情感染了公司员工。一般而言，被收购公司的员工对收购公司总是抱有抵触和不满，但 AVX 的员工却因为京瓷接连的高姿态，一开始就能友好交流，而且很自然地接受了京瓷的经营哲学。

有这么一段经历，收购后的 AVX 公司继续成长，不到五年，又在纽约证交所再次上市。在再上市过程中，京瓷通过出售股票获得了丰厚的回报。

20 年前，许多日本公司收购了美国公司，但后来由于亏损不得不纷纷撤退或出售，像京瓷收购 AVX 公司这样成功的案例几乎没有。

看最近的新闻，日本企业与外国资本合作，因为双方的主张不合很难达成谅解，最后谈判破裂的案件很多。

我认为，它们的失败和京瓷的成功之间，最大的差距在于，是只考虑自己的利害得失呢，还是要真正地为对方着想。这种"心的差异"，就是不同的想法带来了不同的结果。

尊重对方，为对方着想，也就是"利他"的行为，乍看似乎会给自己带来损害，但从长远看，一定会给自己和别人都带来良好的结果。

第十二条：始终保持乐观向上的心态
——抱有梦想和希望，以坦诚之心处世

不管处于何种逆境，经营者必须始终保持开朗的、积极向上的心态，这已成为我的信念。既然从事了经营，就不要害怕各种经营课题接踵而至，而且问题越是困难，越是不能失去梦想和希望。

常常为面临的各种经营问题所纠缠，被压得喘不过气来，却能一直顶住压力，坚韧不拔，这样的经营者身

上似乎透出一种"悲壮感"。或者说，因为我强调了坚强的意志和燃烧的斗魂，大家或许认为经营一定是苦差事，充满"悲壮"，烦恼不断。

这不对！正因为在紧要关头需要强烈斗魂和不屈服于任何困难的坚强意志，所以经营者在日常生活和工作中，必须注意保持开朗的心态，这点也很重要。一味紧张，有张无弛，长期经营就很难坚持。

一方面是有不管怎样都必须干到底的坚强决心；另一方面是无论如何对自己的未来一定光明灿烂的确信，以乐观开朗的态度面对生活。

现在不论处于何种逆境，自己一定会时来运转，要以正面的、积极的态度看待人生。这乃是人生成功的铁则，是经营者的生存智慧。

例如，现在健康不佳，但坚信必能康复，于是好好养生。再如，资金周转困难，让人很伤脑筋，但坚信只要努力总有办法解决，于是就更加努力去解决。处于逆境中的当事人要如此洒脱似乎很难，但即使再难，也要有意识地强迫自己这么想，这么做。只要努力坚持，事态一定会出现转机。

从长时段看，乐观向上，积极努力，锲而不舍，必会有好报，因为自然界本来就这样，这个世界本来就如此。

我把上述人生态度和工作态度称为"与宇宙的意志合拍"。我向许许多多的人讲述这个真理。关爱之心、谦虚之心、感激之心、坦诚之心，抱着这样的美好心灵，又坚持踏实努力的人，不断思善行善的人，他们必会时来运转，幸运一定会关照他们。我从灵魂深处坚信这一点，这已成为我不可动摇的信念。

正如我在 2012 年的世界大会上所讲的，这次日航重建成功最大的原因，我认为就在于抱善心、做善事，持之以恒，一定会有好报，一定会有卓越的成果。确实，哲学和"阿米巴经营"发挥了很大的作用。但仅靠哲学和"阿米巴"，日航重建不可能如此快速，如此成果卓著，我不能不这么想。在哲学和"阿米巴"之上，还附加了一股超出我们想象的、用语言难以表达的伟大力量，靠它的帮助日航才会有如此巨大的成功。我想只有这种解释才能说得通。

为了得到这种伟大力量的帮助，以前，在盛和塾纽约的塾长例会上，我用"一种自力和二种他力"为题，讲了如下一段话：

"首先所谓'自力',就是经营者通过'经营十二条'把自己的力量最大限度地发挥出来。接着是获得第一种'他力',就是员工的协助。然后在这基础之上,只要努力思善行善,就能得到另外一种'他力'(这世上存在的伟大的力量)的帮助。

今天我讲的是"自力"这个部分,就是通过"经营十二条"来阐明经营者应该怎样思考,应该如何行动。

首先努力贯彻这 12 条,同时,如果再能获得员工的拥护和支持,获得上天的伟大力量的帮助,那么,不但各位的企业能够实现超出想象的巨大发展,而且诸位的人生也一定会硕果累累。

从最初的盛友塾算起的话,盛和塾正迎来 30 周年。盛友塾创立之初,京瓷的销售额是 2500 亿日元,现在已经达到了 1.3 万亿日元。另外,正好在那时,趁着日本通信事业自由化之际,我创建了第二电电,第二电电后来变更为 KDDI,现已成长为销售额 4 万亿日元的巨大企业。还有,我参与重建的日航,现在已经获得新生,变成全世界利润率最高的航空公司。

这三家企业超出想象的快速发展,盛和塾和稻盛财团活动的开展,并不是因为我做了什么特别的事情。我

把这30年来一直给大家讲的道理，在我自己的经营中
认真实践了，仅此而已。我经营企业的精髓就凝结在
"经营十二条"之中。正因为我实践了"经营十二条"，
才有了今天的成就。

我希望大家务必相信"经营十二条"的威力，深刻
理解，切实实践。我衷心祈愿，汇聚在这个会场的各位
企业家朋友，通过贯彻"经营十二条"把你们的企业经营
得更加出色，让更多的员工获得物质和精神两方面的幸福。

要　点

作为经营常识，大家都认为销售额增加，经费也会
随之增加。但是不对，不要被"销售增，经费也增"这
一错误的常识所误导。为做到"销售最大化、经费最小
化"，开动脑筋，千方百计，才会从中产生高效益。

○

在正确判断产品价值的基础上，寻求单个的利润与
销售数量乘积为最大值的某一点，据此定价。我认为这
一点应该是顾客乐意付钱购买的最高价格。真能看清、
看透这一价格点的不是销售部长，更不是营业担当，而
非经营者莫属。

○

也许大家认为，技术员的本职工作就是开发新产品、新技术，但是这还不够，只有在开发的同时认真考虑如何降低成本，才有可能成为一个称职、优秀的技术员。

○

定价即经营，定价是经营者的职责。进一步讲，定价还体现出经营者的人格。

○

经营目标是从经营者的意志中产生，但是同时这个目标必须获得员工的共鸣，由员工发出"那么让我们一起干吧"的呼声才好。换言之，体现经营者意志的经营目标必须成为全体员工的共同意志。

○

坚定的意志用"拼尽死力"这几个字表达较为贴切。就是说，为了让表达经营者意志的经营目标与员工共有，经营者拼命投入工作的姿态最为重要。只要能让经营者的坚强意志与员工共有，只要能燃起大家的斗魂，企业一定能成长发展。

○

不管说得多么好听，经营毕竟是企业之间激烈的竞争。哪怕只有两三名员工的小企业，经营者如果缺乏强烈的"斗魂"，不能为保护员工而发挥昂扬的斗魂，将必败无疑。

○

平时柔弱，连吵架都不会，根本看不出有什么斗魂的人，一旦成为经营者，为了保护广大员工，能面临危险时立即挺身而出。没有这种气概，经营者就不可能得到员工由衷的信赖。

○

不要因为景气和经济变动忽喜忽忧。不管处于何种经济环境，只要怀有斗争心，持续付出不亚于任何人的努力，就一定能开拓出前进的道路。在经济变动等变化面前，决不认输的气概，"就是拼上性命也要保住员工和企业"的责任感，只要这样的人成为经营者，那么不管什么时代，企业一定能够成长发展。

○

依据原则做出正确决断需要"勇气"。反过来讲，不能期待缺乏勇气的人会做出正确的决断。

○

经营者没有勇气，胆小怕事，犹豫不决，临阵退却，那副模样立即会在员工中传开。员工看到经营者那副可怜相，立即会失去对他的信任。

○

经营者不争气的窝囊相，会在企业内如野火般迅速蔓延。经营者缺乏勇气，员工就会上行下效，紧要关头以妥协退让为荣，不以卑怯为耻，丧失立场。

○

没有哪家公司天生就有杰出的技术。能不能专注于创造性的工作，明天胜过今天，后天超过明天，不断改进，不断创新，这才是能不能实行独创性经营的关键。

○

不是以自己现有的能力决定将来能做什么，现在就决定一个似乎无法达成的高目标，并决定在将来某个时点达成它。盯住这个目标，通过不断的顽强努力，提高自己现有的能力到在将来某个时点达成既定的高目标。

○

重视对方，为对方着想，也就是"利他"的行为，乍看似乎会给给自己带来损害，但从长远看，一定会给自己和别人都带来良好的结果。

○

正因为在紧要关头需要强烈斗魂和不屈服于任何困难的坚强意志，所以经营者在日常生活和工作中，必须注意保持开朗的心态，这点也很重要。否则长期经营就很难坚持。

○

一方面是有不管怎样都必须干到底的坚强决心；另一方面是无论怎样对自己的未来一定光明灿烂的确信，以乐观开朗的态度面对生活。现在不论处于何种逆境，自己一定会时来运转，要以正面的、积极的态度看待人生。这乃是人生成功的铁则，是经营者的生存智慧。

○

从长时段看，乐观向上，积极努力，锲而不舍，必会有好报，因为自然界本来就这样，这个世界本来就如此。

华章书院成立于2005年，专注于科技·商业·人文三大领域

通过举办高端论坛、新书分享会、读书沙龙等线上、线下活动为企业及个人成长提供阅读解决方案。秉着以书会友，聚友兴业的宗旨，十余年来服务了数十万商界人士、创业者、高科技人员以及近千家企业。

华章书院拥有强大的嘉宾资源以及会员平台，嘉宾汇集了柳传志、陈春花、时寒冰、李开复、杨澜、稻盛和夫、拉姆·查兰、吉姆·罗杰斯、菲利普·科特勒、艾·里斯、杰克·特劳特、安东尼·波顿、威廉·罗兹、雷·库兹韦尔等行业内领军人物。

我们的合作伙伴在其领域内也堪称翘楚，有Intel、IBM、微软、阿里巴巴、腾讯、百度、华为、滴滴、德鲁克管理学院、盛和塾、正和岛等。

华章书院每年举办近百场线下活动，经过多年沉淀，在业界享有盛誉。书院会员遍布全国，聚焦了一大批企业家、创业者、管理者以及喜爱读书学习的进取人士。华章书院还拥有海量社群资源，商业学习线上分享平台华章微课堂自创建以来，开启了海内外知名大咖与用户零距离沟通的一扇窗，让您随时随地都能聆听大师的智慧与新知，一度成为行业的学习标杆。

现在就加入华章书院，让您在变化的时代中始终领先一步！

关注华章书院公众号，了解最新活动详情！

稻盛和夫系列丛书

稻盛和夫管理经典（2014年-2016年出版）

ISBN	书名	定价
978-7-111-49824-7	《干法》	39.00
978-7-111-54638-2	《敬天爱人》	39.00
978-7-111-54296-4	《匠人匠心》	39.00
978-7-111-47025-0	《领导者的资质》	49.00
978-7-111-51021-5	《拯救人类的哲学》	39.00
978-7-111-48914-6	《调动员工积极性的七个关键》	45.00
978-7-111-49146-0	《稻盛和夫语录100条》	39.00

稻盛和夫谈经营系列丛书（2017年7月出版）

ISBN	书名	定价
978-7-111-57212-1	《稻盛和夫谈经营：创造高收益与商业拓展》	45.00
978-7-111-57213-8	《稻盛和夫谈经营：人才培养与企业传承》	45.00

稻盛和夫经营实录（2017年7月出版）

ISBN	书名	定价
978-7-111-57079-0	《赌在技术开发上》	59.00
978-7-111-57016-5	《利他的经营哲学》	49.00
978-7-111-57081-3	《企业成长战略》	49.00

德鲁克管理经典

编号	书号	书名	定价
	德鲁克管理经典		
1	978-7-111-28077-4	工业人的未来(珍藏版)	￥36.00
2	978-7-111-28075-0	公司的概念(珍藏版)	￥39.00
3	978-7-111-28078-1	新社会(珍藏版)	￥49.00
4	978-7-111-28074-3	管理的实践(珍藏版)	￥49.00
5	978-7-111-28073-6	管理的实践(中英文双语典藏版、珍藏版)	￥86.00
6	978-7-111-28072-9	成果管理(珍藏版)	￥46.00
7	978-7-111-28071-2	卓有成效的管理者(珍藏版)	￥30.00
8	978-7-111-28070-5	卓有成效的管理者(中英文双语 珍藏版)	￥40.00
9	978-7-111-28069-9	管理:使命.责任.实务(使命篇)(珍藏版)	￥60.00
10	978-7-111-28067-5	管理:使命.责任.实务(实务篇)(珍藏版)	￥46.00
11	978-7-111-28068-2	管理:使命.责任.实务(责任篇)(珍藏版)	￥39.00
12	978-7-111-28079-8	旁观者:管理大师德鲁克回忆录(珍藏版)	￥39.00
13	978-7-111-28066-8	动荡时代的管理(珍藏版)	￥36.00
14	978-7-111-28065-1	创新与企业家精神(珍藏版)	￥49.00
15	978-7-111-28064-4	管理前沿(珍藏版)	￥42.00
16	978-7-111-28063-7	非营利组织的管理(珍藏版)	￥36.00
17	978-7-111-28062-0	管理未来(珍藏版)	￥42.00
18	978-7-111-28061-3	巨变时代的管理(珍藏版)	￥42.00
19	978-7-111-28060-6	21世纪的管理挑战(珍藏版)	￥30.00
20	978-7-111-28059-0	21世纪的管理挑战(中英文双语典藏版、珍藏版)	￥42.00
21	978-7-111-28058-3	德鲁克管理思想精要(珍藏版)	￥46.00
22	978-7-111-28057-6	下一个社会的管理(珍藏版)	￥36.00
23	978-7-111-28080-4	功能社会:德鲁克自选集(珍藏版)	￥40.00
24	978-7-111-28517-5	管理(下册)(原书修订版)	￥49.00
25	978-7-111-28515-1	管理(上册)(原书修订版)	￥39.00
26	978-7-111-28359-1	德鲁克经典管理案例解析(原书最新修订版)	￥36.00
27	978-7-111-37733-7	卓有成效管理者的实践	￥36.00
28	978-7-111-44339-1	行善的诱惑	￥29.00
29	978-7-111-45029-0	德鲁克看中国与日本	￥39.00
30	978-7-111-46700-7	最后的完美世界	￥39.00
31	978-7-111-47543-9	管理新现实	￥39.00
32	978-7-111-48566-7	人与绩效:德鲁克管理精华	￥59.00
33	978-7-111-52122-8	养老金革命	￥39.00
34	978-7-111-54922-2	卓有成效的领导者:德鲁克52周教练指南	￥49.00
35	978-7-111-54065-6	已经发生的未来	￥39.00
36	978-7-111-56348-8	德鲁克论管理	￥39.00
	德鲁克论管理		
1	978-7-111-28076-7	大师的轨迹:探索德鲁克的世界	￥29.00
2	978-7-111-22177-6	德鲁克的最后忠告	￥36.00
3	978-7-111-27690-6	走近德鲁克	￥32.00
4	978-7-111-28468-0	德鲁克实践在中国	￥38.00
5	978-7-111-28462-8	德鲁克管理思想解读	￥49.00
6	978-7-111-28469-7	百年德鲁克	￥38.00
7	978-7-111-30025-0	德鲁克教你经营完美人生	￥26.00
8	978-7-111-35091-0	德鲁克论领导力:现代管理学之父的新教诲	￥39.00
9	978-7-111-45189-1	卓有成效的个人管理	￥29.00
10	978-7-111-45191-4	卓有成效的组织管理	￥29.00
11	978-7-111-45188-4	卓有成效的变革管理	￥29.00
12	978-7-111-45190-7	卓有成效的社会管理	￥29.00
13	978-7-111-44748-1	德鲁克的十七堂管理课	￥49.00
14	978-7-111-47266-7	德鲁克思想的管理实践	￥49.00
15	978-7-111-52138-9	英雄领导力:以正直和荣耀进行领导	￥45.00

定位经典丛书

序号	ISBN	书名	作者	定价
1	978-7-111-32640-3	定位	（美）艾·里斯、杰克·特劳特	42.00
2	978-7-111-32671-7	商战	（美）艾·里斯、杰克·特劳特	42.00
3	978-7-111-32672-4	简单的力量	（美）杰克·特劳特、史蒂夫·里夫金	38.00
4	978-7-111-32734-9	什么是战略	（美）杰克·特劳特	38.00
5	978-7-111-33607-5	显而易见（珍藏版）	（美）杰克·特劳特	38.00
6	978-7-111-33975-5	重新定位（珍藏版）	（美）杰克·特劳特、史蒂夫·里夫金	48.00
7	978-7-111-34814-6	与众不同（珍藏版）	（美）杰克·特劳特、史蒂夫·里夫金	42.00
8	978-7-111-35142-9	特劳特营销十要	（美）杰克·特劳特	38.00
9	978-7-111-35368-3	大品牌大问题	（美）杰克·特劳特	42.00
10	978-7-111-35558-8	人生定位	（美）艾·里斯、杰克·特劳特	42.00
11	978-7-111-35616-5	营销革命	（美）艾·里斯、杰克·特劳特	42.00
12	978-7-111-35676-9	2小时品牌素养（第3版）	邓德隆	40.00
13	978-7-111-40455-2	视觉锤	（美）劳拉·里斯	49.00
14	978-7-111-43424-5	品牌22律	（美）艾·里斯、劳拉·里斯	35.00
15	978-7-111-43434-4	董事会里的战争	（美）艾·里斯、劳拉·里斯	35.00
16	978-7-111-43474-0	22条商规	（美）艾·里斯、杰克·特劳特	35.00
17	978-7-111-44657-6	聚焦	（美）艾·里斯	45.00
18	978-7-111-44364-3	品牌的起源	（美）艾·里斯、劳拉·里斯	40.00
19	978-7-111-44189-2	互联网商规11条	（美）艾·里斯、劳拉·里斯	35.00
20	978-7-111-43706-2	广告的没落 公关的崛起	（美）艾·里斯、劳拉·里斯	35.00
21	978-7-111-45071-9	品类战略	张云、王刚	40.00
22	978-7-111-51223-3	定位：争夺用户心智的战争（20周年精装纪念版）	（美）艾·里斯、杰克·特劳特	45.00
23	978-7-111-53422-8	与众不同：极度竞争时代的生存之道（精装版）	（美）杰克·特劳特、史蒂夫·里夫金	49.00